El libro que tu perro quiere que leas

PATRICIA GUERRERO

El libro que tu perro quiere que leas

Una guía para conocer, entender y respetar a tu compañero canino

Grijalbo

Papel certificado por el Forest Stewardship Council®

Primera edición: marzo de 2024
Primera reimpresión: marzo de 2024

Printed in Spain – Impreso en España

ISBN: 978-84-253-6615-4
Depósito legal: B-729-2024

Compuesto en Promograff - Promo 2016 Distribucions

Impreso en Black Print CPI Ibérica
Sant Andreu de la Barca (Barcelona)

GR 6 6 1 5 4

A mi perro ancla, Bongo.
Gracias por tanto

Índice

Prólogo

El libro que tu perro quiere que leas es una declaración de intenciones magnífica. Esta segunda obra de Pat Educadora Canina, escrita con su estilo inconfundible, informal y directo, es un manual fascinante en el que plasma lo que mejor sabe hacer: exponer con pasión el enorme conocimiento que tiene para y por los perros y el cariño por todo lo que hace.

Pat te motiva a ponerte en marcha, es ese rayo de sol que en invierno entra por la ventana, te da calor y te anima a que te muevas justo ese día que, a pesar de las ganas de querer salir, no te apetecía hacer nada, y te aporta el empujón que necesitabas. Cuanto más lees, más sientes esa motivación, ya sea porque refuerza tus propias creencias o porque te anima a pensar de una forma positiva y proactiva.

Si algo sabe transmitir muy bien Pat son sus aprendizajes y experiencias a través de sus valores; sus frases te dejan reflexionando sobre tu papel en tu familia canina, como «quiero que te responsabilices de acompañar a tu perro en su aventura de vida», ya que somos meros acompañantes, o «que te ocupes de propiciar que la vida se ajuste a su ritmo y manera de aprender». Quedarse con «ser dueño o dueña» o querer obligar a que tu perro sea obediente queda muy lejos de la mentalidad del aquí y ahora, donde el respaldar, convivir y aceptar a tu compañero canino o, mejor dicho, piracán es el centro de esta obra.

Y sí, son piracanes, porque si algo te queda claro al leer este libro es que cada perro tiene su esencia, que debemos conocer, preservar y acompañar para compartir aventuras que nos dejarán huella para siempre, incluso cuando ya no compartan la vida con nosotros.

Esta obra es realmente genuina. Me ha enganchado desde las primeras palabras porque Pat, además de su entusiasmo, comparte con nosotros la vida y la esencia de sus piracanes, su familia, y todo con una forma muy bonita de clasificar los temas: por islas. Sí, islas como bases de tierra para seguir este entusiasmo canino; islas como norte y guía para tus y sus aprendizajes; islas donde reflexionar sobre nuestro papel como familia multiespecie y con mucho mensaje para impulsar el sentimiento crítico.

En cada isla de este libro encuentras fundamentos como la esencia canina, la comunicación, las señales, la convivencia y el aprendizaje. Pat te introduce en cada una de ellas para que lleves a cabo tu propia introspección y exploración y descubras tus propios cimientos o islas, haciendo de estas páginas un manual libre de dolor y lleno de amor.

Y, por si todo esto fuera poco, al final del libro encontrarás recursos y propuestas para realizar las actividades; como una vía ferrata en la que irás guiado en cada paso. Y como Pat es una de las primeras en llevar el mundo canino al terreno interactivo, no podían faltar los recursos con actividades en el medio digital. Impresionante.

Las personas que conviven con perros disfrutarán muchísimo de la lectura de este libro, pero espero que también se comparta dentro del mundo profesional como un tratado sobre las bases y la esencia de las nuevas dinámicas de la convivencia con perros.

Adéntrate en el mundo del perro de una forma facilitadora y significativa dando el salto a esta órbita respetuosa.

Pat, además de una comunicadora fantástica, es una compañera de profesión y una gran amiga a la que admiro; ella fue quien me facilitó el camino en este apasionante mundo y me llevó a emprender. Espero que siga plasmando sus conocimientos y siendo fuente de inspiración para muchos otros durante largo tiempo.

Así que ahora mismo me siento como Ian Dunbar cuando, en el prólogo del libro de Jean Donaldson *El choque de culturas*, escribió: «Hazte un favor a ti y a tu perro: ¡LÉELO!».

Elisabet Mussull,
directora técnica de Itcan,
intervenciones asistidas con perro

Introducción

BIENVENIDA

Querido explorador canino:

Acabas de iniciar un viaje sin retorno en el que aprenderás a entender, respetar y apoyar a tu compañero canino en esta aventura llamada «vida».

Si estás aquí es porque eres inconformista y no te gusta quedarte en la superficie. Quieres conocer a fondo a estos animales increíbles, adentrarte en su manera de vivir, sentir y hacer.

Bienvenido, esta es tu casa, y convivir desde el juego y el respeto será el faro que marcará nuestro rumbo.

A veces me dirigiré a tu perro como **piracán**, es decir, un perro pirata, autónomo, que se siente libre y feliz. Esta es su esencia, y en este libro quiero enseñarte a acompañarlo para que aprendas a respetarla durante toda su vida.

Por otro lado, cada vez que leas «tu perro» sustitúyelo en tu cabeza por «tu compañero perro». Se ha escrito así para simplificar y aligerar la comunicación, no lo uso como posesivo.

Mis compañeros piracanes y una servidora te guiaremos por el archipiélago Piracán, una serie de islas en las que se esconde todo lo que necesitas saber para llevar a cabo esta misión. Compartiremos contigo nuestra experiencia y nuestros conocimientos. No pretendemos que este libro sea un tratado científico, sino aportarte nuestro punto de vista sobre cómo pueden conVIVIR humanos y perros.

A lo largo de este viaje encontrarás aventuras trepidantes, algunas divertidas y otras horribles. Ayudarte a descubrirlas e interiorizarlas es nuestro cometido.

Este es el libro que tu perro quiere que leas para vivir aventuras a tu lado.

PRESENTACIONES

Mi nombre humano es Patricia Guerrero. Me he embarcado en la aventura de escribir este libro para transmitirte el mensaje de los piracanes. Ellos son los verdaderos guías en esta historia de descubrimiento y superación en el archipiélago Piracán.

Nací en un pueblo de la costa catalana y crecí junto al mar soñando con adentrarme en sus profundidades. Cuando lo conseguí, Bongo se cruzó en mi camino y cambió el rumbo de mi vida. Profesionalmente, me dedico a incitar el aprendizaje y el sentido crítico de los humanos para favorecer el bienestar de los perros. Me reconocerás por motivarme siempre con maneras de enseñar y aprender a lo perro. Mi sonrisa y la piel erizada me delatan.

Bongo es el origen canino de esta aventura. Hace poco nos dejó físicamente, aunque sus enseñanzas siguen con nosotros. Lo hubieras reconocido porque se restregaba en la hierba fresca cada mañana y por su profunda mirada de cariño hacia los humanos. Dedicó su vida a enseñarme todo lo que sé sobre perros y a transformar las creencias de todos los que lo conocieron. Este libro va por ti, amigo.

Pero antes de que nos pongamos manos a la obra, quiero presentarte al resto de la tripulación piracán.

Jambo, *golden retriever*, tiene un carácter afable y bonachón, aunque es poco habilidoso. Le gusta ser el que siempre da la bienvenida. Lo reconocerás porque se acercará a saludarte moviendo la cola a lo loco y se mojará el culo en cualquier charco que encuentre.

Abel es mezcla de galgo. Llegó a casa rescatado junto a su hermana Trix, que falleció poco tiempo después. Es un macarra rehabilitado. Su origen y sus vivencias hicieron que lo invadiera el miedo y que, por ello, ladrara e incluso atacara para mantener alejados a todos sus monstruos. Lo reconocerás porque gruñe cada vez que algo lo incomoda, por lo general relacionado con su hermano Domi, y por ser tan cariñoso que se fundirá en caricias contigo.

Vespa es una *border collie*. Pertenece a la realeza canina y pasó su infancia de una manera óptima. Desde que llegó a mi vida se convirtió en mi compañera inseparable. Es cañera, activa y tremendamente cariñosa. La reconocerás porque está dispuesta a la acción y a la calma absoluta en cualquier momento. Fue la compañera y aprendiz de Bongo, y ahora capitanea todo lo que se le pone por delante.

Domi es una mezcla de braco, *pointer* y vete a saber qué más. Es un perro cazador. Lo encontraron vagando por las calles de un pueblo de Huelva junto a una compañera galga. Lo reconocerás porque se pasa de vueltas fácilmente, es obstinado hasta el infinito y roba cualquier pieza comestible que se cruce en su camino. Es el más joven de la tripulación.

Garfio es un gato, aunque él no lo sabe. Llegó a casa con pocas semanas, ya que una vecina pensó que el mejor lugar para él era un hogar lleno de perros. Es libre, cada día escoge su aventura ideal. Lo reconocerás porque se sube a los árboles como si no hubiera un mañana y disfruta jugando con Domi.

La **miniexploradora canina**, mi hija humana y exploradora completa. Llegó a nuestro barco para revolucionar mi forma de pensar y acompañar a sus hermanos perros. La reconocerás porque se ríe a carcajadas de cualquier descubrimiento y porque comparte víveres con el resto de la tripulación.

Vivimos en una aldea de Galicia junto al mejor ser humano que podría haber escogido. Disfrutamos de compartir la vida juntos: viajamos, corremos, caminamos por bosques y playas... Nuestra forma de disfrutar juntos es conVIVIENDO. En este libro compartiré contigo muchas de nuestras aventuras, ya que mi objetivo es que tu compañero perro y tú os animéis a conVIVIR a lo piracán.

Ahora que ya nos hemos presentado, te propongo una misión:

Ocúpate antes de preocuparte.

Lo que pretendo es crear bienestar, generar rituales y desarrollar habilidades que os permitan disfrutar de vuestra vida juntos.

Quiero ofrecerte un montón de recursos antes de que llegue la dificultad. Al principio solo me consultaban cuando una de las opciones era practicarle la eutanasia al perro o se centraban en los problemas de convivencia y en solucionarlos cuando ya estaban cronificados. Sin embargo, con el paso de los años, he notado que cada vez es más frecuente que el humano busque asesoramiento antes de toparse con el problema.

Ahora muchos humanos se forman antes de la llegada de su nuevo compañero canino, y eso me emociona profundamente, pues es el resultado de toda la labor de prevención y divulgación que se ha hecho durante estos años. Si estás leyendo este libro es porque eres uno de esos humanos que quieren formarse y disfrutar para y por su perro. Bienvenido, este es tu barco.

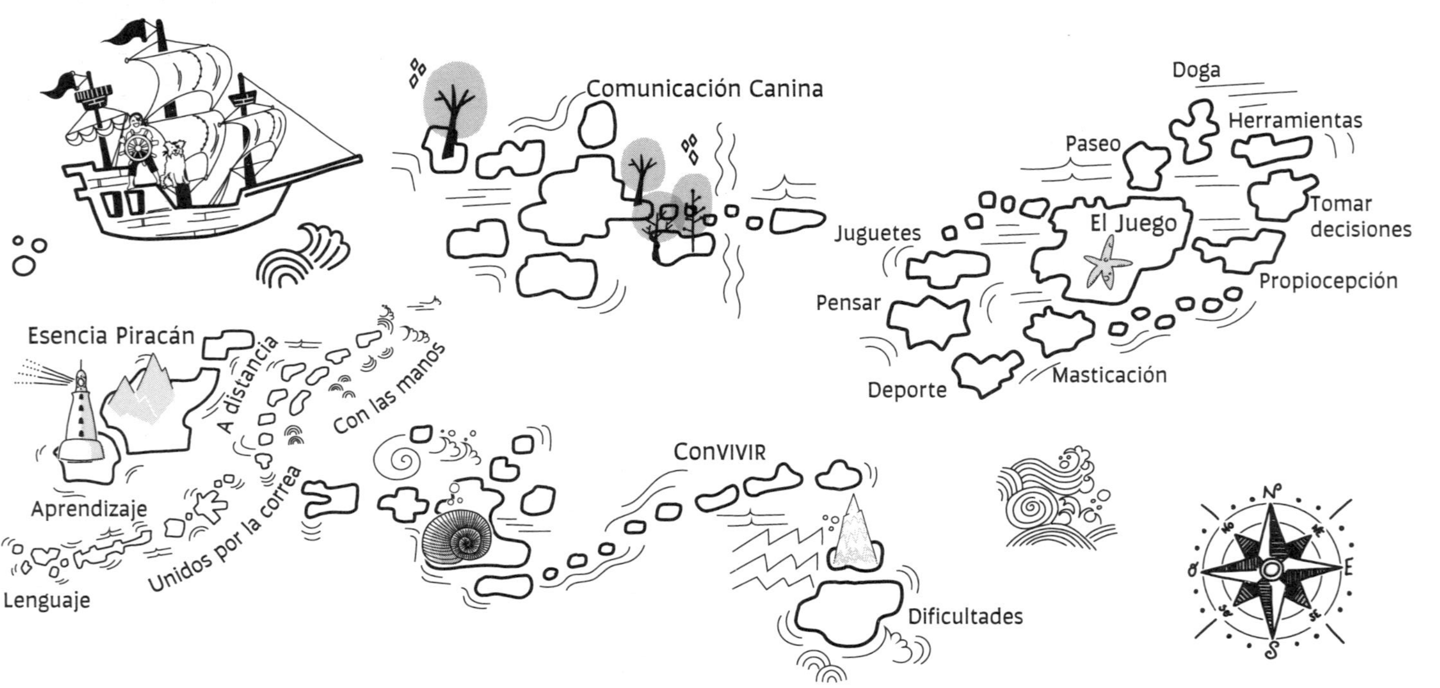
Comunicación Canina
Doga
Herramientas
Paseo
Tomar decisiones
El Juego
Juguetes
Propiocepción
Pensar
Masticación
Deporte
Esencia Piracán
A distancia
Con las manos
Aprendizaje
Unidos por la correa
Lenguaje
ConVIVIR
Dificultades

Haz las maletas

(Bongo tenía voz de chico majo. Una de esas voces graves y pausadas que te transportan a casa en cualquier lugar).

Mis piracanes y yo vamos a acompañarte en un viaje de vida, desde que te plantees incorporar a un nuevo miembro canino a la familia hasta que te despidas de él. Pero, te aviso, es un viaje sin retorno. Cuando entiendas a tu perro y sepas lo que necesita, derribarás tus creencias y crearás nuevas maneras de relacionarte, jugar y convivir con él.

A lo largo de mi trayectoria profesional he creado el mundo Piracán, al que quiero invitarte. Quiero compartir contigo, de una forma divertida, todo el conocimiento que he adquirido para que tú y tu perro podáis vivir aventuras juntos. Como verás, mi propuesta es muy cercana y divulgativa, así que he dejado todos los «bonitos palabros» fuera de este libro.

Durante el viaje exploraremos algunas de las islas que forman el archipiélago Piracán (tienes el mapa en la página 18). En cada parada aprenderemos, reflexionaremos y practicaremos para interiorizar el conocimiento que nos permitirá seguir viajando. Tú te sumergirás como explorador canino, y tu compañero perro se convertirá en un piracán, es decir, en un perro pirata: autónomo y feliz.

Pero antes de emprender el viaje por las islas es importante que llenes las maletas con algunos conocimientos.

¡A por ello!

MANIFIESTO PIRACÁN

Mi objetivo con este libro —y con todo lo que comparto— es que nutras tu sentido crítico y que tú y tu perro creéis vuestra propia fórmula. Vamos, que hagas lo que te salga de la entraña. Con esto quiero decir que el viaje que vamos a emprender es una manera, entre las infinitas que existen, de disfrutar del juego de la vida junto a un perro.

Tengo la gran fortuna de que sigo aprendiendo a diario, así que lo que estoy plasmando en estas páginas no es la verdad absoluta. Espero —y deseo— que evolucione a lo largo del tiempo conmigo y también contigo. Y, sobre todo, a favor de los perros.

Algunas de las premisas de la filosofía piracán son las siguientes:

- Aprendemos en cualquier momento y circunstancia. Dentro de nuestro entorno, intentamos hacerlo de la forma más libre y divertida posible.

- Las sesiones de entrenamiento son un momento de disfrute mutuo para seguir entendiéndonos y jugar.

- Aprender es un placer para las dos especies. La fuerza y el dolor no entran en esta ecuación.

- La socialización no solo se da con individuos de nuestra edad y con nuestras mismas circunstancias. Creemos que la vida es un lugar increíble para practicarla.

- Mi definición de educación canina es acompañar a los perros a desarrollar sus habilidades en favor de su esencia, apoyar la convivencia entre humanos y perros en sociedad y poner en el centro las necesidades y el bienestar de ambas especies.

- Los humanos somos una especie más del mundo. Humanos y perros formamos un equipo, unos y otros con sus particularidades como especie.

- Los humanos somos acompañantes en la vida de los perros. Compartimos y disfrutamos juntos, teniendo en cuenta que cada uno es un ser autónomo.

- Esto no va de mascotas, va de compañeros de vida.

- Convivimos al máximo. Perros y humanos formamos una familia y compartimos espacio y tiempo. También tenemos momentos individuales, por supuesto, pero ningún integrante de la familia vive aislado.

- Somos librepensadores que evolucionamos continuamente. Este libro está nutrido por todo tipo de modelos y disciplinas.

Aprendemos de todos para crear nuestra manera de conVIVIR, ya que cada perro y cada humano son únicos.

Pero ¿a qué nos referimos cuando hablamos de piracanes? Los verdaderos piracanes:

- Se sienten libres. Eso sí, sin «perder de olfato» a su familia humana.
- Lo quieren TODO: tener libertad, descansar, explorar, entrenar con sus humanos... Y lo que les echen.
- Son activos, motivados y relajados, todo a la vez y en imperfecto equilibrio.
- Evitan los conflictos, pero, si aparecen, cuentan con herramientas para superar cualquier obstáculo.
- Son unos apasionados de vivir aventuras caninas explorando el mundo con su brújula olfativa.
- Son grandes buscadores de tesoros caninos: comida, cacas, animalejos... ¡Eso sí! Los comparten con sus humanos, si hace falta.
- Son grandes trazadores de planes maléficos, aunque eso provoque alguna rabieta en sus humanos.
- En su vida nunca faltan los parraques* de felicidad.

* Tras una situación divertida para los piracanes, es frecuente que les dé un parraque, es decir, que se emocionen un montón: empiezan a correr, saltar, jugar... Es más frecuente en los cachorros que en los adultos. En la bibliografía general podrás encontrarlos como *zoomies* o FRAP (periodos de actividad frenética, por sus siglas en inglés), pero en este barco los llamamos «parraques». Son fantásticos, aunque hay que vigilar cuándo y con quién se dan.

- Son queridos y respetados tal como son, aunque no sean perfectos a ojos de los humanos.
- Comparten la vida con familias humanas, que son su hogar.

Quiero que te responsabilices de acompañar a tu perro en su aventura de vida, que te ocupes de propiciar que la vida se ajuste a su ritmo y manera de aprender. Parece complicado, pero solo es un cambio de mirada: el perro es el protagonista de su vida, una vida compartida con humanos. En este libro te ofreceré los conocimientos y las experiencias para que lo logres.

¿POR QUÉ INCORPORAR A UN COMPAÑERO CANINO A TU VIDA?

La preparación del viaje empieza cuando te planteas compartir la vida con un perro. En mi caso, cuando quiero decidir algo importante, me pregunto varias veces «por qué» para saber el origen REAL de mi decisión. En ocasiones, la respuesta no es la que te gustaría ni la más adecuada. Así que te pregunto: ¿por qué quieres incorporar a un perro a tu vida? Sea cual sea tu respuesta, pregúntate una y otra vez «¿Por qué he dado esta respuesta)?», y así hasta que llegues al origen.

Si la mayoría de tus respuestas solo te tienen en cuenta a ti —«Me siento solo, quiero un compañero, me encanta la raza X, los perros me parecen supermonos, alegraría la casa, estoy triste y me iría bien», y un largo etcétera—, creo que antes de incorporarlo a tu vida deberías llenar esos huecos que quieres cubrir con el perro. Buscar un compañero para llenar un vacío es empezar con mala pata, aunque muchos hemos incorporado a un perro a nuestras vidas sin cuestionarnos nada, y hemos reflexionado y mejorado a lo largo del viaje. Y si tu compañero ya está contigo sin que lo hayas reflexionado demasiado, siempre es buen momento para hacerlo y evolucionar junto a él.

Desde mi punto de vista, compartir la existencia con un perro mejora la vida, pero no curará tus carencias afectivas.

Si, por el contrario, tus respuestas han puesto al perro en el centro —como «Quiero darle una vida mejor, me encantaría aprender sobre ellos, siento que es el complemento perfecto para nuestra familia»—, creo que estás en el buen camino, pues eres consciente de que vas a incorporar a tu vida a un ser independiente de ti que no se va a limitar a ayudarte o a llenar un vacío. Cuando consideras que otro ser vivo tiene como objetivo en la vida servirte a ti, la frustración está asegurada.

Para mí, la vida junto a un perro es mejor siempre que estemos bien los dos. Si no es así, puede convertirse en una pesadilla.

¿Qué supone para el humano compartir la vida con un perro?

En la primera isla, Esencia Piracán, nos adentraremos en el maravilloso mundo canino y veremos cuáles son las necesidades de los perros. Por ahora solo quiero resumirte lo que supone para tu vida de humano compartirla con un perro:

- **Compartirás tu tiempo.** Se acabó eso de salir de la oficina e irte a tomar algo sin preocuparte por nada. Habrá un ser vivo esperándote en casa, un perro dependiente de que cubras sus necesidades. Lo mínimo es explorar unas dos horas al día, además de realizar las salidas higiénicas. Serás responsable de ello, tú o la persona en la que delegues.
- **¡Acción!** Moverse es indispensable si compartes la vida con un perro. Formaréis un equipo en eso de descubrir vuestro

entorno y moveros. Da igual que vivas en la ciudad, en un pueblo, en el campo, en una aldea... Salir a explorar es básico. Y esto aporta salud tanto al humano como al perro.

- **Pelos, babas y otros fluidos convivirán con vosotros.** Piensa que es maravilloso para tu sistema inmune, aunque quizá no tan bueno para la alfombra. Ahora bien, como veremos, si el perro tiene cubiertas sus necesidades, la casa será su lugar de descanso, no su retrete.

- **Serás el guía y el responsable de que tu compañero perro sea feliz.** Suena fuerte, pero es la oportunidad de mejorar tu calidad de vida, ya que incorporarás hábitos maravillosos, como salir a pasear a diario, buscar espacios para disfrutar de la naturaleza, etc.

- **Supondrá una revolución increíble y retadora.** Si eres padre humano, piensa que incorporar a un perro es como cuando nació tu hijo. Sí, moverá muchas piezas.

- **Es un ser autónomo.** No ha venido a obedecerte, servirte, llenar tus vacíos ni escuchar tus quejas. Y nada de lo que haga es para fastidiarte: no eres el centro de su mundo. Es un ser vivo con su manera de ser, sentir y hacer.

Con esto no quiero desanimarte o que pienses que compartir la vida con un perro es difícil. En realidad, es mucho más fácil y fluido, aunque asumir lo que comporta es indispensable para que puedas seguir adelante y disfrutar de las oportunidades que ofrece compartir la vida con ellos.

EL ORIGEN DE TU NUEVO COMPAÑERO CANINO

¡Enhorabuena! Has decidido que quieres compartir la vida con un perro. Pero ¿qué debes tener en cuenta para escoger a tu compañero canino ideal? Recuerda que tendrás que ser capaz de cubrir todas sus necesidades. En ese caso, ¿a qué te comprometes? ¿Y a qué nivel?

- **Adopción.** Cuando adoptamos a un perro, este pasa a formar parte de nuestra familia. Esto quiere decir que buscaremos su bienestar, incluso más allá del nuestro. Los perros que vienen de criadores responsables también entran en esta categoría. El compromiso es total.
- **Acogida.** Este caso lo veo como un puente hacia el hogar definitivo. Por tanto, hay que estar preparado para soltar a tiempo. Es una labor preciosa: inviertes tu tiempo, conocimiento y energía para darle herramientas a un perro. Formarás parte de un tramo de su camino de vida.
- **Apadrinamiento.** En este caso, tu apoyo será con dinero o tiempo. Ese ser estará recibiendo tu inversión. El apadrinamiento es muy necesario, ya que la mayoría de las protectoras se mantienen gracias a este tipo de apoyo.

¿Dónde encontrar a mi compañero canino ideal?

Este es un tema muy complejo en el país desde el que te escribo, España. Intentaré resumirte lo que puedes encontrarte cuando busques un compañero canino.

Traficantes de perros. En este punto voy a ser muy crítica. Dentro de esta categoría incluyo desde las mafias más horribles hasta aquella persona que, sin tener ni idea, se pone a criar perros. Para mí, traer un perro al mundo es una GRAN responsabilidad: prima el bienestar de todos.

Estos individuos no te permiten ver a los padres ni dónde están los cachorros, te ponen trabas, te engañan enviándote fotos que no son reales, quieren entregarte el cachorro demasiado pronto, no tienen pruebas de la salud de los padres ni han practicado la estimulación temprana... Con las siguientes tres preguntas es fácil desenmascararlos:

- ¿Puedo ir a ver a los cachorros y a sus padres antes de recogerlo?
- ¿A qué edad entregáis a los cachorros?
- ¿Dónde están los cachorros? ¿Pueden jugar con diferentes objetos? ¿Y entre ellos?

A lo largo de los años he oído patrañas de todo tipo. Es increíble lo imaginativo que puede ser un humano para estafar a otro. En este caso, el problema es que el perro y su futura familia pagan las consecuencias. Ojalá algún día la ética esté por encima del dinero y ningún perro sufra explotación.

Protectoras, refugios, asociaciones y otros proyectos creados para ayudar a los perros. Primero, quiero dar las gracias a todos los humanos increíbles que se meten en el barro, sacan a los perros de situaciones muy difíciles y les buscan un hogar donde pasar el resto de su vida.

Me cuesta darte unas características generales, ya que depende de los humanos que haya detrás de cada institución, aunque para mí lo fundamental es la formación y la buena voluntad. La una sin la otra no llega a buen puerto.

Aquí encontrarás a individuos maravillosos de todas las razas, mezclas, edades, colores..., que esperan una oportunidad para compartir hogar contigo.

Buenos criadores. La verdad es que están muy estigmatizados por culpa de los primeros. Para mí, un buen criador es un humano formado para acompañar a nuevos perros. Cada cachorro forma parte de su familia. Está para lo que necesite, nunca lo suelta.

Tiene en cuenta el bienestar de la madre, el del padre, el de los cachorros y el de la futura familia. No pierde detalle. Es transparente. Le fascina una raza en particular, y pone el bienestar físico, mental y emocional por delante de todo lo demás.

He conocido a pocos, y por lo general tienen lista de espera. La inversión es proporcional al coste que supone acompañar de forma óptima, tanto en tiempo como en cuidados y material.

Dedica el tiempo necesario a esta fase de búsqueda, ya que os quedan muchos años y aventuras por delante... Aunque a veces la vida te sorprende y tu compañero canino te encuentra a ti.

Por experiencia, sé que muchas familias optan por acudir a traficantes de animales porque les cuesta encontrar a su compañero perro ideal. Una vez más, las ansias y el querer las cosas YA hacen que el perro pague las consecuencias.

Después de leer esto, no quiero que te agobies pensando que tardarás millones de años en encontrar a tu compañero. Solo quiero que seas crítico, porque la mejor manera de promocionar la adopción y el no abandono es llenar el mundo de buenas experiencias.

¿Cómo elijo a mi compañero canino ideal?

Una vez que has decidido que ha llegado el momento de ampliar la familia y ya sabes dónde encontrar a tu futuro compañero canino, veamos cómo escoger al ideal para ti. El primer impulso es llevarte a casa al cachorro por el que sientes amor a primera pata, pero ¿realmente formáis un buen equipo?

Sé que suena a tópico, pero no te fijes solo en el físico. Pregúntate:

- **¿Su tendencia natural casa con la tuya?** Todos los perros, con independencia de su tamaño, color o edad, necesitan moverse. Algunos, por genética y carácter, necesitarán más estimulación física y mental que otros. Si eres un humano no demasiado activo, no tienes el tiempo necesario o no vives en un lugar adecuado, más vale que escojas a un compañero con el que vuestras necesidades fluyan. Por ejemplo, yo soy una humana intensa que necesita mucha estimulación física y mental. Por eso, el mejor compañero para mí es Vespa. Nos entendemos en nuestra intensidad.
- **¿Puedes cubrir sus necesidades?** Creo que es cuestión de prioridades, energía y tiempo, ya que el espacio y las actividades son más sencillas de buscar fuera. Cuando tu compañero canino tiene sitio en tu vida, te ocupas de cubrir sus necesidades.

  Te voy a contar una historia en la que lo verás clarísimo. Hace años me llamaron para acompañar a una cachorra de labrador. Al llegar a su casa, descubrí que los humanos eran un matrimonio octogenario. Sus hijos les habían regalado la cachorra pensando que sería una buena compañera para ellos. En este caso, no formaban buen equipo, ya que sus energías, necesidades y un sinfín de aspectos más iban en direcciones opuestas. Ellos estaban muy motivados y abiertos a buscar soluciones, de modo que lo hicimos. La cachorra fue cubriendo sus necesidades gracias a los profesionales que los acompañamos a diario. En este caso, ellos contaban con recursos y motivación para cubrir las necesidades de la cachorra. Sin embargo, este es un caso excepcional. Generalmente, cuando se forman estos equipos tan desequilibrados, el perro vive una vida mediocre o acaba abandonado al llegar a la adolescencia.

Sé realista con tus posibilidades y escoge pensando en cuánto tiempo podrás vivir con tu futuro compañero de aventuras.

Te explico todo esto para que tengas en cuenta que para encontrar a tu compañero canino ideal necesitas TIEMPO y CONOCIMIENTO. Tiempo para buscar, para conocer, para seguir el ritmo de todos. Conocimiento para presentarte, presentar al resto de la familia humano-canina, hacer el ajuste familiar al completo... Es decir, eso de escoger al compañero canino por catálogo y que te lo envíen no es lo mejor.

BUENAS PRÁCTICAS PREVIAS A LA INCORPORACIÓN A LA FAMILIA

Una vez has escogido a tu compañero de viaje, debes conocer las buenas prácticas para preparar su incorporación a la familia.

1. **Fórmate en lenguaje canino.** Esto es fundamental para conVIVIR con cualquier perro, ya que si no sabes lo que el perro está diciendo, te costará mucho acompañarlo. Entiende lo que está comunicando, pues eso te dará información de lo que siente y podrás ajustar el día a tu compañero canino. Para mí es la salsa de una convivencia armoniosa.

2. **No tengas prisa.** Hay demasiadas familias que adoptan a un perro por impulso, pero esta es una decisión que necesita tiempo y muchas conversaciones familiares. Incorporar a un nuevo miembro canino repercute en muchas dinámicas.

3. **Conoce al futuro miembro de la familia.** Ve a verlo varias veces para que cree una relación real contigo antes de empezar su vida en el nuevo hogar. Esto hará que todo sea más fluido. Independientemente de la edad del futuro adoptado, conocer a su futura familia lo ayudará a sentirse en casa.

4. **Las primeras impresiones importan.** En muchas ocasiones, hacer presentaciones rápidas y sin espacio provoca malentendidos. Cuida las primeras impresiones. Deja que el perro se acerque a ti en vez de ir tú a saludarlo. Respetar ese espacio y tiempo hará que confíe en ti y que entienda que pones su bienestar por delante de tus ganas de achucharlo.

5. **Prepara la logística familiar para su llegada.** Como veremos, con poco material podemos dar la bienvenida a nuestro compañero canino. Lo más importante es establecer bien los horarios y qué haremos cuando necesitemos estar fuera más tiempo del esperado o tengamos que salir de viaje. Tómate el tiempo que necesites para analizar todas esas situaciones y piensa cómo ocuparte de ellas para prevenirlas.

6. **¿Más perros en casa?** Si convives con más de un perro, es importante que este o estos tengan la oportunidad de conocer al nuevo integrante antes de que llegue a casa. Te recomiendo que los presentes en un lugar neutral donde puedan interactuar de manera tranquila y a su ritmo. Primero, haz que se vean a distancia, que se dejen mensajes químicos (un poco de pipí) y, paso a paso, que decidan ir acercándose mientras dais un buen paseo. Todo esto no tiene que ocurrir el mismo día, ni siquiera la misma semana. Ir al ritmo de cada uno será clave para que la presentación tenga éxito, es decir, que se convierta en una buena experiencia para todos los participantes, incluido tú.

7. **Pon al perro en el centro de su vida.** Cuando los perros vienen con una mochila llena de buenos aprendizajes y hábitos, es fácil acompañarlos. En cambio, si vienen cargados de miedos y malas experiencias, el camino se convierte en un reto. Para mí, acompañar a cada uno de mis piracanes en su vida es un viaje apasionante lleno de aprendizajes. La frustración, el miedo a cagarla y no saber cuál es la mejor opción forman parte del proceso. Con este libro y mi formación, espero hacerte el viaje más llevadero y, sobre todo, que disfrutes abrazando tanto los momentos de calma como las tormentas.

Sé que son muchas cosas que debes tener en cuenta. Espero que no te bloquees o deseches la idea de incorporar a un perro a tu vida por pensar que es demasiado difícil. Solo quiero que seas consciente de lo que comporta.

Considero que con empatía, energía y motivación podrás superar todos los obstáculos y retos que os vayáis encontrando por el camino. Para todo lo demás, puedes contar con buenos profesionales que te acompañen y te formen para que cuentes con las herramientas necesarias para hacerlo. No estás solo.

Isla 1

Esencia Piracán

Ahora que ya nos conocemos y que te has preguntado cuál es el motivo por el que quieres integrar a un piracán a tu vida, pongamos rumbo hacia nuestra primera parada: la isla Esencia Piracán.

Allí nos espera Jambo, que nos guiará por este nuevo y desconocido territorio. En esta isla conoceremos cómo es un perro, cómo capta el mundo, cuáles son sus fases evolutivas, cómo podemos ayudarlo para que se desarrolle y cómo aprende.

(En mi cabeza, Jambo tiene voz de surfero tranquilo y disfrutón, hace pausas mientras habla y le divierte compartir historias con los demás).

Mi misión en esta isla es mostrarte cuál es la esencia de todo perro para que puedas acompañarlo respetándola de manera natural. Parece fácil, aunque es lo más complicado de la relación, puesto que es importante tener en cuenta sus ritmos y espacios. Como seguro que sabes, la vida no suele poner en el centro el cuidado, de modo que solemos caer en las prisas, el estrés, las exigencias, la desnaturalización, el postureo...

La expresión «deja que sea perro» puede tener diferentes significados en función del humano que la utilice. Para mí, quiere decir que acompañemos sus necesidades reales y que no queramos imponer nuestra voluntad. Algunas de ellas son propias de todos los perros, pero hay particularidades concretas en cada individuo. Ahí reside la magia: en conocer tanto al perro que tienes delante que puedas acompañarlo tal y como él necesita.

La información que voy a compartir contigo te enseñará a conceder la máxima libertad a tu compañero piracán, tanto si vivís en un piso de una ciudad enorme como en una casa con un jardín infinito rodeados por un monte tranquilo. Mi objetivo es que sigáis vuestra propia receta de convivencia en la que perros y humanos os sintáis cómodos y felices.

Si conoces la esencia del perro y qué puedes esperar de él, tus acciones se ajustarán a lo que él necesita y mantendrás a raya tus expectativas y frustraciones.

¿CÓMO ES UN PERRO?

Voy a compartir contigo mi punto de vista, fruto del estudio y sobre todo de mucha observación y convivencia. Me considero científica de mente y corazón, de modo que respaldo mis opiniones en estudios científicos para nutrir mi sentido crítico. Sin embargo, los que me enseñan y me hacen evolucionar son los perros con los que convivo y aquellos a los que tengo la fortuna de acompañar con sus familias.

Creo que al conocimiento hay que añadirle grandes dosis de conVIVIR, pues te ofrece las habilidades necesarias para acompañar a los perros respetando su esencia, sea cual sea.

Amo la ciencia siempre que aporte bienestar a los perros y a sus familias, pero no acepto la que se manipula, sesga y utiliza para parecer un experto. Por eso en este libro encontrarás todos los conceptos explicados de modo que mi abuela María, de noventa y siete años, se divierta y deje de pensar que soy una domadora canina.

El perro que tienes en la cabeza versus el que vive contigo

Antes de empezar a enumerar las características de los perros de la familia, quiero desembarcar con buen pie en la isla. Por ello te invito a que te plantees esta pregunta: ¿cómo es el perro que tienes en la cabeza? Sí, me refiero a ese que has imaginado mil veces junto a ti, de excursión por la montaña, paseando y viviendo aventuras juntos. Estoy segura de que puedes recrear su imagen con todo lujo de detalles. Es genial, tengo la firme convicción de que es estupendo que visualices lo que quieres en tu vida. El problema viene cuando esto no concuerda con el perro real que vive contigo. Has creado una serie de expectativas acerca de un compañero que tiene su propia forma de ser, sus necesidades y su mochila de aprendizajes.

Cada perro es único

A veces vemos que dos perros tienen una forma y un color similares, incluso que son idénticos, y, sin darnos cuenta, nos convencemos de que son iguales. ¡Nada más lejos de la realidad! Cada perro tiene un carácter, una sensibilidad y unas experiencias diferentes.

Por eso quiero nutrir tu capacidad de observación de manera que aprendas a ajustar la vida a tu perro en cualquier momento. Sin expectativas.

Cuando esperamos algo de los perros, nos frustramos. Una cosa que he aprendido a lo largo de los años es no cuestionarme lo que necesitan y no esperar que actúen como yo querría, sino como ellos son y sienten en ese momento. Suelta al perro de tu cabeza y disfruta con el que vive contigo.

Cuando decidí compartir mi vida con Vespa empecé a montarme un montón de tablas de ejercicios y a anotar pautas y mil cosas más. Por aquella época llevaba ya unos años como educadora canina y acababa de iniciar mi proyecto. Mi compañera *border collie* tenía que ser la más cañera y educada del mundo. Y… me agobié muchísimo. Hasta que decidí que íbamos a ser familia y compañeras de aventuras, y que lo que «debía ser» no entraba en nuestra manera de convivir. Solté las expectativas y me centré en lo que nos hacía disfrutar a las dos. Aquí estamos, nueve años después, con muchísimos aprendizajes a nuestra manera.

QUIERO CONOCER A MI PERRO

En este apartado intentaré resumir, simplificar y explicar de una manera didáctica lo que considero que debes tener en cuenta cuando convives con un perro. Compartiré contigo mi visión de la vida junto a los perros, sin filtros. Sé que creará controversia… Dependiendo de tus valores y forma de ver la vida te conectará con unas cosas o con otras. No te cuestiones, no tengo la verdad absoluta, coge lo que os funcione a ti y a tu familia.

Empezaremos por definir las características de la especie perro, rasgos que estarán más o menos presentes en cada individuo.

Es un mamífero

Tú también. La característica que comparten todos los mamíferos es que alimentan a sus crías a través de las mamas. Esto implica que necesitamos pasar un tiempo junto a nuestra madre, con la que estableceremos un contacto directo.

Personalmente, ser madre humana me ha conectado con esa parte de nosotros. Ahora soy más mamífera que nunca y me siento más cerca de los perros.

Es un eterno cachorro

Tanto los perros como nosotros somos especies que mantienen características infantiles en la adultez. Una de las particularidades que más me fascinan es la capacidad de jugar y disfrutar en cualquier etapa de la vida. Mientras lo escribía he recordado a Bongo con doce años jugando en la nieve como un cachorro.

Nace sin la capacidad de explorar

El perro nace sin tener desarrolladas sus facultades. Para desarrollarlas, necesita estar en contacto directo con su madre durante las primeras semanas de vida. Separarlo de ella antes de tiempo afectará a sus habilidades, con efectos que van desde desarrollar miedo hasta morder con más fuerza. Como ves, esta primera etapa es muy importante tanto en los seres humanos como en los perros.

Le gusta vivir en comunidad

Al perro le encanta compartir su espacio con todos los seres que considera su familia, sin importar su especie. Valora más la compañía que el espacio, aunque el perro también necesita momentos de tranquilidad y descanso, en soledad, y para ello es necesario que se sienta cómodo y seguro estando solo, sobre todo si el nivel de energía en casa es muy alto.

Para que el perro se sienta cómodo solo es importante habituarlo poco a poco y acompañarlo de cerca.

No aprende a estar solo en soledad

Como hemos visto, los perros son animales sociales, la compañía es una de sus necesidades. Unos la necesitan más que otros, dependiendo de su genética y de sus vivencias. Un perro que mantiene una relación sana con su familia y la siente como su hogar es más fácil que sepa estar solo. Sí, lo sé, parece que tenga que ser al contrario.

Cuando incorporamos a un perro a nuestra familia es porque creemos que podremos acompañarlo como necesita, y una de esas necesidades es vivir acompañado y en familia.

Tiene una capacidad extraordinaria para relacionarse con otros seres

Este es uno de los rasgos más apasionantes del perro: su capacidad para crear vínculos y entregarse a ellos. Esta característica no aparece de la nada; se construye poco a poco y, en ocasiones, a edades muy tempranas. Así que no pienses que los perros pueden entregarse de buenas a primeras a cualquier animal —incluido el humano— que se cruce en su camino. Es frecuente pensar que se volverá loco de emoción por saludar a perros o humanos desconocidos, y esto hace que, sin darnos cuenta, lo «obliguemos» a saludar a todo el que nos encontramos. Además, nos sorprendemos u ofendemos si da señales de incomodidad, como ladrar o gruñir.

A la hora de saludar a un miembro de su especie o de otra, primero el perro tiene que observar a distancia, incluso olfatear al otro ser. Poco a poco irá acercándose para evaluar la reacción del otro. Finalmente, si lo ve claro, se acercará más e interactuará como considere. Muchas veces solo se olfatean a distancia.

Admiro esta capacidad de los perros: son capaces de confiar y unirse de una manera increíble, conexión que nutren y cuidan todos los días. Cada uno la expresa a su modo. Por ejemplo, Vespa y Jambo, sin conocerte, te regalan todas las caricias, mientras que Domi y Abel necesitan tiempo para coger confianza.

Protege su espacio

El perro siente como suyo el lugar donde vive, es su territorio, aunque unos lo notan más y otros menos. Por eso invierte energía en ladrar cuando alguien se acerca o si escucha un sonido que no le es familiar.

En mi casa, Bongo era el guardián mayor. Le fascinaba ladrar a todo el que se acercaba. Durante el viaje que hice humanamente sola, pero acompañada por Bongo y Vespa, me sentí muy tranquila. Ahora todos sus hermanos, a excepción de Jambo, se han sumado a la causa, y a pesar de que no son perros de guarda, ejercen como el que más.

Tiene un alto nivel de adaptación

El perro es capaz de ajustarse de una manera increíble a cualquier situación nueva, sea conocer a nuevos humanos, sea cambiar de lugar o reconocer nuevos sonidos. Según sus vivencias y genética, cada perro tendrá más o menos habilidades para adaptarse a la nueva situación que se le presente. Sin embargo, puede aprender a cualquier edad y acostumbrarse a situaciones nuevas en todos los momentos de su vida.

Vespa y yo hemos vivido en ciudades, pueblos, furgonetas, pisos, casas... Como no he dejado de atender sus necesidades (como ves, un tema recurrente y fundamental), en todas partes la he visto feliz. También es cierto que es más fácil que se adapte a una casa con jardín que a un piso pequeño en la gran ciudad. Al menos para mí.

Es carnívoro por naturaleza

El perro es carnívoro, aunque debido a su afición por buscar comida le han otorgado el título de «carroñero oportunista». La nutrición canina no es mi especialidad, pero tengo claro que mis compañeros caninos comen lo menos procesado posible. Intento que mi familia humana y canina se alimente de manera natural y variada, lo cual se aleja de comer pienso todos los días.

Para los perros, nutrirse bien es una necesidad. De hecho, hay muchas dificultades en la convivencia que mejoran cuando nos centramos en este aspecto de su vida. La calidad de su alimentación les afecta física, mental y emocionalmente. Algunos perros que se muestran conflictivos mejoran su comportamiento al ajustar la alimentación a sus necesidades, y esto les hace cambiar su forma de actuar. Recuerda: la alimentación no solo afecta al cuerpo.

Tiene instinto cazador: «¿Eso es un lindo gatito?»

Con esto me refiero a esa motivación interna e incontrolable de perseguir a todo bicho viviente que se cruce en su camino. Esta característica se ve reflejada en muchos momentos de su vida, incluso cuando el animal perseguido no es real. Por ejemplo, ¿te has fijado en cómo zarandea los juguetes? En realidad, está matando a su presa. Quizá ahora ya no te parezca tan mono cuando lo veas hacer eso... Los perros pueden perseguir el rastro fresco de un zorro que acaba de pasar hasta el infinito y más allá. Otra cosa es lo que hagan si lo pillan, pero tranquilo, es bastante difícil. Jugarán con su presa, la matarán si la cogen o no llegarán nunca a pillarla, o bien se limitarán a olfatearla.

Cuando conocí a Abel me dijeron que no le gustaba jugar. Como buen galgo, le encanta perseguir, así que, poco a poco, fui incentivando sus ganas de acosar a los conejos haciendo que persiguiera un juguete. Ahora disfrutamos un montón jugando juntos.

Si se siente en peligro, actuará

Los perros, antes de entrar en conflicto, se comunicarán de todas las formas posibles. En ocasiones los humanos no los entendemos o nos hacemos los locos, y eso provoca que se sientan en peligro, incluso en situaciones que no son peligrosas. En ese momento, después de comunicarse a través de señales, actuará: se congelará, huirá o atacará. Su respuesta dependerá de su predisposición genética y de lo que haya aprendido a lo largo de su vida. De ahí que sea tan importante entender y respetar a los perros, además de evitar los conflictos. Si se producen muchos enfrentamientos en los que la única salida es reaccionar con fuerza, el perro aprenderá que la forma de estar a salvo es reaccionar bruscamente.

Un día me desperté a las dos de la madrugada en el sofá después de quedarme dormida viendo una película. Somnolienta, y sin saber muy bien por qué, fui directa a Abel y le di un beso en el morro. Él estaba durmiendo, se asustó, sintió que estaba en peligro y se defendió. Es decir, me lanzó la boca cual cocodrilo que es. Fue un aviso, solo me rozó, pero el error fue mío, ya que invadí su espacio y lo desperté. Al instante me aparté sin decirle nada y me fui llorando a la cama. Me sentí fatal por haberlo molestado y haber hecho que tuviera que usar ese tipo de comunicación conmigo. Nunca ha vuelto a pasar nada parecido. Desde entonces hemos afianzado nuestra relación y he aprendido a avisarlo si en algún momento voy a acercarme a él. ¿Significa que Abel es malo? No, quiere decir que me sobrepasé con él.

Con la miniexploradora, mis sentidos se han tenido que afinar muchísimo más. La gestión continua de la situación es un aprendizaje sin límites.

Es diplomático y negociador nato

Es apasionante observar que los perros siempre buscan la forma de evitar el conflicto. Cuando los entiendes y los ves interactuar en el día a día te das cuenta de la cantidad de situaciones que son capaces de esquivar para no meterse en peleas. Así que cuando, por ejemplo, tu perro te avise con un gruñido de que te estás pasando es porque no has entendido las señales que te ha dado antes. Algunas son muy sutiles, otras no tanto.

Domi y Abel mantienen una relación peculiar. Desde el primer momento, a Abel no le gustó Domi. Este no entiende por qué, así que siempre intenta caerle bien. Por eso en casa intentamos ajustar la situación y negociamos con ellos para que no haya conflictos, lo cual es básico para que mantengan una relación armónica. Es lo que pasa cuando juntas un perro finolis con un perraco bruto y sin tacto. Gracias a su diplomacia y sus habilidades negociadoras, pueden convivir juntos en casa, en la caravana y donde los echen. Aprovecho para decir que estoy muy orgullosa de los dos.

Su bienestar total llega con el descanso

El descanso es esencial para los perros. Es importante propiciar un lugar y momentos de descanso en los que puedan desconectar y asimilar todo lo aprendido y vivido. Suelen dormir entre doce y catorce horas al día, pero cuando sus edades son extremas —cachorros y perros de oro— esta media aumenta considerablemente.

En ocasiones, cuando vemos que nuestros perros se muestran muy activos, pensamos que la mejor manera de relajarlos es cansándolos con más actividad física. Sin embargo, recuerda la máxima de que la calma trae calma. Cuanto más descansen, más calmados estarán, siempre y cuando tengan sus necesidades bien cubiertas. A un perro descansado le será más fácil enfrentarse a los retos que le depara la vida. En cambio, si está agotado, reaccionará mal en muchas situaciones que de otra forma no le afectarían.

Hace años, en una clase para cachorros, noté que un alumno estaba muy susceptible. Apartaba a sus compañeros caninos de forma brusca y sin darles la oportunidad de comunicarse. Al preguntarle a su familia qué tal el día, me contaron que había empezado a ir a una guardería canina por las mañanas, de modo que llevaba todo el día fuera de casa, gestionando a cachorros y perros nuevos. Enfrentarse a la vida es agotador para un cachorro, y provoca que esté más irascible y tenga menos paciencia. Consejo: cuida el descanso de tu compañero, sobre todo en edades extremas.

Su casa es su refugio

En la cultura popular, imaginamos al perro en un jardín enorme. Pues claro, tanto los humanos como los perros estamos mejor en un espacio grande y verde. Sin embargo, el espacio no es lo que determina su bienestar. Los perros son capaces de ajustarse a casas con ruedas, áticos diminutos, palacios o mansiones siempre que sus necesidades estén bien cubiertas (sé que soy repetitiva, pero así se te quedará grabado a fuego).

La casa es su lugar de descanso y tranquilidad, y es importante que el perro así lo perciba. Si destinamos un espacio a los juegos y la acción, no «contaminará» la calma del resto de los lugares. Esto es más importante aún cuando convivimos con niños pequeños, ya que si se confunden espacios y energías, la convivencia será más difícil. En casa hemos llegado a convivir ocho perros y dos humanos (y te aseguro que no es un espacio tan amplio como te imaginas). La clave de que la convivencia sea armoniosa es que potenciamos muchísimo la calma a la par que cubrimos las necesidades de cada miembro del hogar. Eso sí, nos fascina jugar, así que tenemos un cuarto de juegos caninos y el jardín para dar rienda suelta a la acción.

Necesita tiempo y espacio

A lo largo de este viaje te diré en muchas ocasiones que es importante dar espacio y dedicar tiempo al perro. Si sigues estas directrices, conseguirás una convivencia armoniosa. Sin embargo, estos dos parámetros dependerán de cada perro y de cada momento. Es importante que lo tengas presente, ya que muchas veces nos frustramos al acompañar a nuestro perro, pero en realidad lo único que necesitamos es dejarle más tiempo o espacio. Lo que nos agobia es comparar entre perros o, incluso, con el que tenemos en la cabeza. Acompáñalo y acéptalo tal y como es sin cuestionarte si su aprendizaje es mucho o poco, porque lo que a ti te parezca no es relevante. El perro tiene su propia hoja de ruta; si sabes leerla, podrás acompañarlo tal como él necesita.

En casa, cada uno de mis compañeros caninos aprende a su propio ritmo. Vespa es más rápida que un rayo, tanto que me obliga a potenciar su paciencia y la mía. En cambio, Jambo necesita mucho tiempo para asimilar las novedades y enfrentarse a los retos. Me fascina ver cómo cada uno aprende y vive a su manera.

Aprende experimentando

Dejar que los perros tomen decisiones y experimenten por ellos mismos les ofrece un gran aprendizaje, incluso mayor que el que recibirían de todos los ejercicios que estés pensando en practicar. Durante el día se producen muchas situaciones en las que pueden decidir, aunque sin darnos cuenta nos convertimos en los protagonistas de su vida y les decimos lo que pueden y no pueden hacer. Esto les resta autonomía y ganas de explorar. Hay perros que incluso pierden la curiosidad, y esto me produce una tristeza profunda.

Te propongo que siempre que sea posible dejes que sean ellos los que decidan sobre su vida. Mientras escribo, Abel acaba de servirse unos higos de la higuera. Podía haberlo interrumpido, pero no hay nada peor para suprimir el entusiasmo, así que me he quedado observándolo desde el interior de mi casa, disfrutando de la situación. Hay muchísimo que puedes hacer para fomentar que el perro tome decisiones en lo que se refiere a escoger ruta o juguete, cuándo salir, cuánto tiempo, a quién saludar y a quién no…

Deja que sea el protagonista de su vida.

Explora con diferentes partes del cuerpo

Al perro le encanta descubrir con la boca, la nariz y las patas. En edades tempranas, la boca será una de las partes del cuerpo que más usará para conocer el mundo. Es muy importante que, mientras sea un cachorro, pueda saciar esas ganas de explorar: olfatear lugares, jugar con sus juguetes o morder masticables naturales aptos para cachorros. Esto hará que deje en paz la pata de la mesa nueva o tus tobillos, aunque los primeros meses nadie te salvará de los mordiscos cachorriles. ¡Ten paciencia!

Domi llegó a nuestra vida con unos dos años. Ya había pasado la etapa de cachorro, pero sus ganas de explorar con la boca eran insaciables. De ese modo se relacionaba con nosotros y con todo lo que encontraba. A base de jugar, jugar y jugar, ha aprendido a ajustar su fuerza. Los perros aprenderán a explorar con la boca si les dejamos descubrir con ella. Si nos limitamos a reñirlos e inhibirlos, solo conseguiremos unos perros incomprendidos y frustrados.

Tiene una atención plena

El perro vive en el presente todos los días y momentos de su vida, no siente rencor por el pasado ni está pensando en el futuro. ¡Es maravilloso! Por tanto, cuando expresa algo, lo hace con relación a ese momento concreto, y si la situación desaparece, a otra cosa, mariposa.

Sin embargo, puede anticipar lo que va a ocurrir porque lo asocia a algo concreto, como por ejemplo que siempre que te enfadas pasan cosas malas, pero no es porque lo relacione con algo que ha pasado hace dos horas.

Vamos, que eso de hacer algo por fastidiar o sentir culpa y vergüenza por lo que ha sucedido hace un tiempo no va con él.

Es un animal sintiente

Seguramente te parezca obvio, pero hasta hace no mucho se pensaba que los perros no tenían sentimientos, que funcionaban con respuestas automáticas. De ahí que la manera de enseñarles no tuviera en cuenta si se sentían cómodos o no. Los perros sienten. Aún no se sabe muy bien qué complejidad tienen sus emociones, pero solo necesitas convivir con ellos y conocerlos para comprobar que su registro de emociones es amplio e intenso.

En una ocasión, la miniexploradora y yo volvimos a casa después de dos meses fuera. Los piracanes explotaron de alegría. Lo mostraban con vaivenes, saltos, ladridos —la mayor parte del tiempo Abel se expresa hablando— y muchas ganas de mantener contacto directo con nosotras. Durante muchas horas tuve a Abel y a Vespa pegados a mis piernas. Es una muestra clara de alegría.

Las caricias le aportan bienestar

Para los perros, el contacto físico es una fuente de bienestar siempre que lo relacionen con un buen momento. Para ello es necesario que:

- Respetemos su espacio y tiempo de contacto desde el nacimiento.
- El perro decida cuándo empezar y acabar.
- Los momentos de contacto se ajusten a él. Hay perros a los que nos será más difícil ponerles el arnés o quitarles una espiga de la pata. Nos hemos de adaptar al perro y tener paciencia para ganarnos las caricias

Esta percepción no es irreversible. Si no relaciona el contacto con el bienestar, podemos dar la vuelta a esta situación ayudándolo poco a poco a confiar en nuestras manos.

Cuando Domi llegó a nuestra familia no soportaba que nadie lo tocara. Tenía miedo al contacto y lo comunicaba con ladridos, sobre todo cuando alguien quería acariciarle la parte superior de la cabeza, un error muy frecuente entre los humanos que nos encontramos por la calle. Con el tiempo hemos ido respetando su espacio hasta que él ha decidido que quiere tener su dosis de caricias, ajustándola a lo que en cada momento podía recibir. Una vez más, aquí es muy importante tu capacidad de observación y que averigües qué te está diciendo. Cinco años después, le encanta que le seque el pelo con una toalla y le masajee el cuerpo. He creado un monstruo que me reclama caricias en cuanto puede.

Los masajes y las caricias ajustados a cada perro son muy beneficiosos, a la par que nutren la relación que tenemos con él. Sin embargo, los perros confían más en unas manos que en otras, según la relación que tengan con ese individuo. Puede que confíe en ti para que le saques un pincho de la pata, pero no en un humano desconocido.

Su relación con los abrazos

Perros y humanos somos mamíferos, aunque no coincidimos en la forma de mostrar el afecto. A nosotros, como primates, nos encanta achuchar y abrazar, pero los perros lo demuestran de otras formas, a veces incluso sin contacto. Para ellos, el abrazo es una manera de tocar muy invasiva. Si queremos que disfrute de este contacto tan intenso es importante que haya confianza y que se produzca en un momento tranquilo.

Para mí, el mejor abrazo es el que elige el perro: coloca la cabeza cerca de ti, casi como fundiéndose contigo. Cuando lo respetas y acompañas, lo demás fluye. Bongo tenía la maravillosa costumbre de abrazarme. Me ponía la cabeza bajo el hombro y se quedaba muy quieto...

Me emociono al pensarlo, este libro está siendo muy terapéutico para mí. Compartir contigo nuestras vivencias y pensar que os ayudarán en vuestra convivencia me llena el alma. GRACIAS.

Es limpio

Sé que al decirlo te vendrá a la cabeza tu compañero perro con una caca enganchada en el pelo, pero debes saber que, para él, eso es un perfume de lo más cotizado entre su grupo de amiguis caninos. Ahora en serio: el perro quiere mantener su lugar de descanso y alimentación lo más limpio posible, de manera que para él es muy importante hacer sus necesidades en un sitio lo más alejado posible de donde come y duerme. Esta característica se ve comprometida cuando los perros están confinados en un espacio muy pequeño. En cambio, cuando le das la oportunidad de evacuar lejos de ese lugar, los perros la aprovechan. Así que, para que haga sus necesidades fuera de casa, será imprescindible que lo propiciemos al máximo. Cuantas más oportunidades y acompañamiento tenga, más fácil será que desarrolle su capacidad de evacuar lejos de su zona de descanso y alimentación. Por supuesto, con perros de edades extremas —cachorros y perros de oro— deberás aumentar la frecuencia de las oportunidades, ya que no son capaces de aguantarse.

Los piracanes y una servidora ahora vivimos en una casa con jardín, en una aldea de Galicia. Cada uno de mis perros se comporta de una forma distinta respecto a los pipís y las cacas. Cada día salen de casa y esperan para hacer sus necesidades mayores fuera. Pero si por lo que sea ese día salen más tarde o no se puede salir, lo hacen en la parte del jardín más alejada de la puerta. Y esto nadie se lo ha enseñado...

En el islote Dificultades en el ConVIVIR hablaremos de cómo acompañar si el perro no está aprendiendo a hacer sus necesidades fuera de casa.

Suelta pelo, echa babas y trae barro

Me han escrito muchísimas veces preguntándome cómo se puede conseguir que el perro no suelte pelo o babas. Con humor, les respondo: «Sin compartir la vida con un perro». Sí, sé que hay razas que sueltan más pelo que otras, pero si quieres convivir con un perro y disfrutar de aventuras juntos, ¡los pelos son obligatorios! Las babas, además, indican el estado emocional de tu compañero perro, así que obsérvalas y tómatelo como información muy valiosa para acompañarlo.

El pelo, las babas, el barro, las salpicaduras... forman parte de un perro feliz. Si me apuras, de un humano también. Esta es mi visión de la vida: para mí, caminar descalza, empaparme bajo la lluvia después de un paseo por el monte junto a ellos, mancharme de barro cuando seco a los piracanes o acariciarlos hasta quedarme con las manos llenas de pelos aumenta mi felicidad.

Su perfume

El olor corporal de los perros transmite muchísima información, aunque no seamos capaces de percibirlo. Por eso es tan importante no ponerles aromas artificiales, ya que alteramos su olor natural y los dejamos en evidencia en su pandilla canina. En serio, respeta el olor de tu perro. Cuando lo alteramos, le arrebatamos parte de su comunicación.

Te estarás preguntando: «¿Y qué hago si se restriega en un animal muerto?». Por supuesto, no estoy en contra de los baños, pero sí de las colonias caninas. Meses antes de emprender la expedición canina, estaba paseando por la playa con Vespa y Bongo y, de repente, apareció Vespa feliz con el cuello lleno de caca humana. Ese día tocó baño con guantes.

¿Atleta?

El perro es capaz de explorar a muchísima distancia y tiene una energía desbordante, sobre todo de cachorro. Eso nos hace pensar que está en plena forma, pero no es así: el perro necesita activación física y ejercicio progresivo. Para que un perro esté en plena forma, necesita entrenar. Y cuando digo «entrenar» no me refiero a practicar un deporte concreto, sino a tener la posibilidad de explayarse, explorar, olfatear, caminar... En definitiva, de moverse con libertad y fortalecer su cuerpo. No importa el tamaño de tu perro, sino que se mantenga activo y que el ejercicio se ajuste a su condición física. Adecua vuestro día a día para que pueda moverse lo más libre posible, y sí, eso conlleva salir a mover el culo y las patas.

Quiero que tengas en cuenta que es un animal activo. Hay humanos que lo ven como una obligación y les da pereza todo lo que comporta, pero para mí es una gran oportunidad de conectar con mi cuerpo y activarme. ¡Qué mejor que hacerlo junto a él! Patas, piernas y acción. Si tuviera que escoger una sola actividad para hacerla con mis perros, tengo claro cuál sería: moverme con ellos. Es una de las sensaciones más increíbles, ya que conectas con una forma de relacionarte de tú a tú, cada uno a su paso y a su ritmo.

Morir apartado o en familia

A lo largo de los años he despedido a muchos amigos perros. De todas las experiencias que he vivido, me quedo con cómo acompañamos a Sirka, una *golden* con las mayores ganas de vivir que he visto jamás. Cuando la conocí tenía catorce años. Decidió irse en la última clase de formación para perros sénior que impartí por aquel entonces, justo el día que hablábamos del duelo. Murió en familia, tranquila y de forma natural. Qué difícil es dar el lugar que se merece a la muerte humana y canina… Cada perro escoge su manera: algunos buscan un lugar apartado para irse; otros, en cambio, prefieren la compañía de su familia. Para ellos, la muerte es algo natural, como debería ser para nosotros. Cuando fallece un hermano canino, lo olfatean y entienden lo que ha ocurrido. Después, pasan el duelo a su manera. Os propongo que los acompañéis hasta el último momento. ¡Qué mejor que vean a su familia antes de dormirse y que lo hagan con la seguridad de que estuvimos allí!

Luego están todas las despedidas truncadas por accidentes, muertes en la sala de cirugía, ingresos… Esos momentos son más difíciles de transitar, al menos para mí. Si me quedan espinas clavadas en el corazón por alguno de mis compañeros son esas. Rocky murió solo ingresado en el veterinario. En el caso de Bongo, a pesar de haberme prometido que nunca volvería a pasarme, me sucedió lo mismo. Murió en la sala de operaciones, y no estuve antes de que se durmiera. Sé que puede parecer algo trivial, pero para mí fue un golpe muy duro. Es importante escucharnos y hacer lo que realmente necesitamos.

Dicho esto, quiero dejarlo por escrito para que quede constancia: cuando me vaya, quiero que mis compañeros perros tengan la oportunidad de olfatearme, sean quienes sean. No concibo la vida sin la compañía de esta especie que tanto me fascina.

FASES EVOLUTIVAS

Ahora que ya conocemos algunas características perrunas, vamos a definir sus fases evolutivas. Me encantará acompañarte en este viaje de vida y darte información que te permita navegar a favor de su momento vital.

Antes de nacer (prenatal)

El origen de nuestro compañero marcará parte del rumbo de su vida. No creo que sea determinante, pero nos aportará mucha información para acompañarlo de la mejor manera posible.

Lo ideal es que la madre canina esté tranquila durante el embarazo, sin dejar que el estrés forme parte del proceso. Para ello será necesario que no se sienta en peligro ni crea que tiene que luchar para sobrevivir.

Que la madre se sienta segura y tenga sus necesidades cubiertas, ajustadas a su momento, es fundamental para el buen desarrollo de los cachorros y el bienestar de la perra. Incluso las caricias buscadas y el cariño del que disfrute favorecerán la correcta formación del cachorro.

Por desgracia, hay demasiadas perras que dan a luz en situaciones muy estresantes. En algunas ocasiones se debe a que se encuentran fuera de un hogar; en otras, a que el humano ejerce sobre ellas y sus cachorros una explotación deliberada. Esto no solo afectará a la madre, sino también a sus crías.

Cada uno de mis compañeros piracanes tiene un origen distinto, desde buenos criadores hasta traficantes de animales. Por ejemplo, Jambo, nuestro guía en esta isla, procede de una familia humana poco responsable, ya que padece displasia de codo, una dolencia hereditaria que requería diagnóstico y tratamiento desde pequeño.

La buena intención no basta para acompañar. Es necesario que se ponga por delante el bienestar físico, mental y emocional de los cachorros y de la madre. Para ello se requiere conocimiento y ética. Lo primero es fácil de conseguir; lo segundo es más difícil. Más adelante también hablaremos de valores humanos y veremos cómo afectan al perro.

Recién nacido

Empecemos por el parto: lo óptimo es respetar al máximo el ritmo y el espacio que necesite la madre, ya que propiciar un ambiente tranquilo y seguro hará que madre y crías estén bien. Es importante que el humano atienda a la perra, pero sin invadir su espacio.

En ese momento, tanto la perra como los cachorros solo necesitan estar piel con piel, juntos, tranquilos, calentitos y atendidos. Los cachorros no regulan la temperatura, de ahí que se apiñen. Por tanto, lo mejor es interactuar lo mínimo con ellos. Poco a poco irán desarrollando sus capacidades para explorar cada vez más lejos de su madre, sin prisas, a su ritmo, el que marque su naturaleza.

Se suele decir que el mejor momento para acoger a un cachorro es a las ocho semanas, ya que sigue estando en esa fase en la que es como una esponja y, a la par, ha tenido la oportunidad de estar con su madre durante ese tiempo. Sin embargo, muchas veces no se tiene en cuenta que, para que nos llegue un cachorro de ocho semanas, ha tenido que destetarse antes. A veces, de manera natural ya no mama, pero en ocasiones lo destetan a la fuerza incluso muchísimo antes de las ocho semanas.

Así que si te preguntas cuál es el mejor momento para separar al cachorro de su familia, la respuesta es «Depende»: de las condiciones de su familia canina de origen y de cómo se vayan a ocupar de él en su futura familia.

> Bongo, mi gran compañero, llegó al mundo un 22 de diciembre, con el Gordo de Navidad sonando de fondo. Nació con dos hermanos, pero su madre murió en el parto. En menos de quince días ya formaba parte de mi vida, con apenas tres semanas... No es el momento idóneo, pero como su madre había fallecido y el humano de origen no quería ocuparse de él, fue la mejor decisión. Sin embargo, recuerda que si el cachorro tiene la oportunidad de estar con su madre en un lugar seguro, no habrá un sitio mejor. Una vez más, tendrás que valorar las condiciones en las que se encuentra y en manos de quién está.

Cachorro (hasta los cinco meses)

En esta etapa, el cachorro aprende todo lo que formará parte de su mundo. Después de unas tres semanas de contacto total con su madre y sus hermanos, y de ir al ritmo familiar, empieza a despertarse su espíritu explorador. Necesita descubrir el mundo con la boca, el olfato, el tacto, la vista..., acompañado siempre por la madre. Ella es su anclaje al mundo, y cuanto más seguro se sienta, más se animará a explorar. Es fundamental que pueda hacerlo con libertad, seguro y tranquilo. Propiciar un entorno adecuado para ello hará que desarrolle al máximo su espíritu curioso y explorador.

A lo largo de estos meses, la curiosidad exploradora va en aumento, así que cada vez que recibe un no, se le coge algo de la boca a la fuerza, se le arrastra para seguir paseando, se le mete prisa para conocer a otro perro, no se le deja dormir o se le riñe por hacerse pipí se destruyen esas ganas de explorar y aprender. Eso hace que algunos no desarrollen todo su potencial y que incluso puedan sentir miedo e incomodidad ante sus humanos.

En esta fase es importante que sepas que el cachorro está aprendiendo qué es el mundo. Propicia ese aprendizaje y acompáñalo a hacerlo con seguridad y entusiasmo. Más adelante, en la isla ConVIVIR, te hablaré de cómo acompañar la exploración y poner límites sin hacerle perder su esencia piracán.

Físicamente, el cachorro es tan activo que parece que pueda hacerlo todo. Sin embargo, su cuerpo aún se está formando, y es importante que no dé muchos saltos ni se venga arriba con la actividad física. Esto propiciaría la aparición de lesiones que quizá le afectarían el resto de su vida.

En este momento se frustra con facilidad, ya que el cerebro no está preparado para entenderlo todo, de modo que es importante dividir en pequeños pasos lo que quieras enseñarle. Pero no tengas prisa por conseguir un objetivo concreto.

En esta etapa se han observado diferentes periodos en los que el cachorro se muestra más sensible. Uno de ellos se produce más o menos a las ocho semanas, muchas veces coincidiendo con la llegada al nuevo hogar. Es importante estar atento para acompañarlo, ya que de repente pueden darle miedo cosas a las que está habituado o quizá tenga una reacción exagerada a un sonido.

Con paciencia, tiempo y conocimiento lograrás que mantenga la esencia piracán a lo largo de toda su vida.

> Vespa nació un 24 de agosto y pasó sus primeras ocho semanas con sus hermanos y sus padres, unos profesionales que supieron acompañarla para desplegar su esencia y sus alas. Con ella, todo fue fluido y muy intenso. No pienses que porque el inicio se haga de la manera óptima será menos retador. Vespa y yo somos igual de intensas, pero de diferente especie.

Adolescente (de los cinco meses a los dos años)

Esta etapa empieza más o menos a los cinco meses y puede alargarse hasta los dos años, aunque quizá algún perro se quede eternamente en la adolescencia. Es un momento de muchísimos cambios, tanto físicos como emocionales, ya que descubre cómo relacionarse con el mundo y aprende cuáles son los límites. Le resulta muy divertido y estimulante poner a prueba su entorno, pero no lo hace por fastidiar, nunca tiene esa intención.

Aprende a relacionarse con otros perros y humanos, aunque puede mejorar durante toda su vida. Vivir buenas experiencias lo ayudará a desplegar las habilidades sociales que lo acompañarán toda la vida y harán que se sienta cómodo junto a otros perros y humanos.

Hacia el año se puede identificar otro periodo sensible en el que es importante reforzar la observación y el acompañamiento, ya que quizá se le despierte algún miedo que antes no tenía.

Durante la adolescencia tiene la energía por las nubes y parece que solo cansarle hará que se relaje. ¡Al contrario! La manera de conseguirlo es potenciar la calma. A veces pensamos que estar activo es sinónimo de nervioso, pero se puede estar activo y tranquilo al mismo tiempo. Y este es el estado óptimo para que el perro mantenga un equilibrio. Recuerda: tirar la pelota puede provocar todo lo contrario.

Así que cada vez que juegues con tu perro adolescente valora su concentración, no la cantidad de aprendizajes que adquiere. Cuanto más cañero sea, más calma y descanso necesitará.

Sé que acompañar a un adolescente puede desesperar en algunos momentos, pero es muy importante en su viaje de vida. Disfruta de su compañía en esta etapa tan retadora e intensa. Nos necesita bien cerquita, que seamos casa en todo momento.

Abel llegó con seis meses a la vida de mi pareja. Empecé a formar parte de su familia cuando ya tenía cinco años. Es un perro muy sensible, y con él he aprendido a acompañar a un perro que necesitaba que lo tratasen con más tiempo, distancia y delicadeza. Es maravilloso ver el perro en el que se ha convertido.

Joven (de los dos a los siete años)

Una vez pasada la etapa adolescente viene una fase muy activa en la que es importante que sigas estimulando a tu perro física y mentalmente, sin perder de vista la calma como hilo conductor.

Suele decirse que, a estas edades, los perros muestran el carácter. Y, bueno, el dicho tiene parte de razón, porque el carácter del perro dependerá en gran medida de si de cachorro se desarrolló en un ambiente hostil y sin acompañamiento o en un medio propicio, con todas las necesidades cubiertas.

Si durante las primeras etapas de su vida has respetado sus ritmos y su tiempo, tu perro joven sabrá enfrentarse a la vida con ganas y calma. Por el contrario, si su origen ha sido estresante y las primeras experiencias las ha sentido como invasivas, o no ha tenido la oportunidad de interactuar con otros perros y humanos, todo eso se traducirá en dificultades en la convivencia.

Conocer su manera de ser, pensar, aprender, jugar, explorar, descansar, etc., te ayudará a ajustar la vida a tu perro. Por ejemplo, qué distancia debes dejar cuando conozca a otros perros, cuánto tiempo tienes que esperar, cómo enseñarle... Te lo iré descubriendo a lo largo del viaje.

Domi entró a formar parte de esta gran familia cuando aún no había cumplido los dos años. Ha sido mi gran maestro, y gracias a él he aprendido a acompañar a un perro de su tamaño, tozudez, sensibilidad e intensidad. Su carácter tiene rasgos tan dispares que ha sido muy estimulante encontrar la forma de estar a su lado.

Sénior o etapa de oro (a partir de los siete años)

En esta etapa aún nos quedan muchas aventuras por vivir. Sé que cuesta asimilar que será la última... Las despedidas son muy difíciles, sobre todo cuando la relación es tan especial. ¡Fuera penas y a seguir divirtiéndonos! Cuando llega a esta fase, el perro se estresa y frustra con facilidad, de modo que es importante que dividas cada nuevo aprendizaje o vivencia en varios pasos más pequeños, es decir, deberás ajustar los paseos y cuidados a su edad. Es increíble la energía que tiene cuando le ofreces un hogar en la última etapa de su vida.

Me fascina esta edad, me despierta mucha ternura. Sus sentidos pueden haberse visto mermados, incluso algunos desarrollan superpoderes como la sordera, la ceguera o caminar «sobre ruedas», de modo que tendrás que potenciar tus habilidades para comunicarte con él y buscar la forma más efectiva de hacerlo.

Jambo ya ha adquirido el superpoder de la sordera, así que tiene que estar más atento para no despistarse. Me gusta enseñar señales con la mano a todos mis compañeros para que, cuando llegue ese momento, les sea más fácil seguirnos.

En la isla Juego profundizaremos en las particularidades de cada uno en función de la temática y la edad. Seguiremos siendo exploradores, aunque deberás ajustar las aventuras a su cuerpo, mente y emoción.

Conocí a Bitxa en el patio de una protectora con la que colaboraba; estaba en un rincón, hecha un ovillo. Era una *whippet* de quince años (o al menos eso ponía en su cartilla). Al instante me enamoré de ella, así que un día me la llevé a casa. En cuestión de meses cambió física, mental y emocionalmente. Estaba sorda como una tapia, y cuando iba suelta por el parque a veces se equivocaba de humana morena, de modo que Bongo aprendió a ir en su busca. Compartimos tres años increíbles.

¿CÓMO CAPTAN EL MUNDO?

Antes de pasar a la isla Comunicación Canina, me gustaría que recorriéramos los diferentes sentidos con los que tu perro capta el mundo para que seas capaz de ponerte en sus patas.

Olfato

En los perros, es el sentido más desarrollado, ¡y con mucha diferencia! Nosotros, los humanos, vemos el mundo; ellos lo huelen. Se pasan el día oliendo, no obstante, en algunos momentos olfatean, es decir, lo hacen con intención. Todo su cuerpo está preparado para eso.

Siempre, por todas partes, hay mensajes olfativos que ellos captan con todo lujo de detalles. A nosotros, sin embargo, nos pasan desapercibidos, ya que nuestro sentido del olfato es anecdótico comparado con el suyo.

Los perros son capaces de captar olores a muchísima distancia incluso en concentraciones diminutas. Los últimos estudios han demostrado que pueden captar también la temperatura corporal. Aún no se ha estudiado en profundidad la gran capacidad olfativa de los perros, pero te recomiendo que aprendas a cuidarla y estimularla, pues forma parte de su bienestar.

Hace días, en uno de nuestros paseos diarios con Domi, Vespa, Abel y Jambo, la miniexploradora y yo vimos a lo lejos a nuestro amigo el zorro. Los piracanes no se percataron de su presencia, así que dejamos que lo descubrieran. Cuando llegaron al lugar en que el animal había ido en dirección al bosque, Jambo pegó el morro al suelo (empezó a rastrear) y siguió su olor un buen rato. Domi, en cambio, aprovechó para coger las partículas que quedaban en el aire (venteó); Abel combinó el venteo y el rastreo para seguirlo; y Vespa olfateó de cerca las ramas que había tocado al adentrarse entre los árboles. Con esa información, en equipo, ¡zas!, al instante se dieron cuenta de que se trataba de nuestro amigo el zorro y salieron a buscarlo.

A través del olfato supieron cuánto tiempo hacía que había pasado por allí, además de qué animal era, cuál era su intención e incluso si había dejado algún mensaje para ellos. En cuanto el olor dejó de ser suficientemente intenso, abortaron la misión y volvieron con nosotras.

Los perros también tienen la capacidad de captar la información que emitimos los humanos por los poros de la piel. Por mucho que quieras esconder lo que sientes —ese enfado, esa tristeza...—, tu compañero perruno lo olerá y lo comprenderá con todo lujo de detalles. Es imposible engañar a su olfato. Nos «huelen» tal como somos, más aún si tú, como yo, evitas los perfumes que alteran tu olor natural. Por mi parte, quiero que me olfateen sin filtro.

A través del olfato, los perros recopilan información fundamental que les permite establecer relaciones con otros seres vivos, tanto de su especie como de otra. Por eso es tan importante que los dejes olfatear. Cada vez que alguien tira de la correa de un perro para que no olfatee algo lo está privando de una información muy necesaria para él que hará que se comunique con amabilidad, que se sienta seguro con el medio, que se estimule mentalmente... Esa falta puede traducirse en problemas de convivencia con la familia, con el resto de los perros e incluso con otros humanos.

Acompañar el olfateo forma parte de remar a favor de su esencia.

Vista

Para los perros, la vista es un sentido complementario, aunque al favorecerlo e inhibir el olfateo, los humanos han provocado que a algunos les cueste activar el olfato.

Existe cierta creencia popular de que los perros ven en blanco y negro. En realidad, ven el mundo en un espectro diferente al nuestro, en unas tonalidades amarillas, azules y violetas. De noche, sin embargo, gracias a una especie de espejo interior que tienen en los ojos y que refleja la luz, ven mucho mejor en la oscuridad que nosotros.

Los perros están preparados para captar el movimiento y son capaces de anticiparse y detectarlo antes de que nosotros nos demos cuenta. La vista los ayuda a obtener información para lograr sus objetivos, ya sea perseguir, huir o conocer el ambiente.

Oído

Desde que Bongo llegó a mi vida no pongo la música alta cuando voy en coche con los piracanes. Soy muy consciente de que captan más frecuencias que yo, lo que los hace más sensibles a los sonidos.

Sus orejas tienen la capacidad de enfocarse hacia el lugar de donde ha salido el sonido. Esa capacidad de movimiento hace que emitan microseñales con ellas para comunicarse con los demás. Es fascinante analizar cada una de dichas señales. Te propongo que hoy en el paseo te fijes en cuánto mueve las orejas tu compañero perro.

Los perros huelen y oyen tus emociones. Tu tono de voz les informa de tu estado de ánimo. Por mucho que quieras no vas a poder engañarlos. Aunque es cierto que esta capacidad se va perdiendo con los años. De hecho, los piracanes sénior de la familia están muy sordos, y eso me lleva a potenciar mucho la confianza y la comunicación a través de otros medios diferentes a la voz.

Tacto

Gracias a sus bigotes, los perros son capaces de distinguir a distancia los obstáculos. De ahí la importancia de no cortárselos.

Con sus almohadillas captan la textura y la temperatura del suelo. Y hay cosas que asocian directamente a esa información, como, por ejemplo, hacer sus necesidades en un lugar específico.

Por otro lado, el contacto físico forma parte de su manera de relacionarse con el resto de los seres vivos y de sus necesidades. Cuanta más confianza tienen, y siempre que se haya respetado su espacio y sus tiempos, más les gusta el contacto.

Gusto

Se suele decir que el perro no tiene gusto, que se come todo lo que pilla sin más, pero esto no es del todo cierto. El perro capta diferentes gustos. Es selectivo con la textura y el olor de la comida, ya que el sentido del olfato y del gusto están muy relacionados; tiene incluso un órgano que comunica ambos sentidos.

Si desde una edad temprana acostumbras a tu compañero canino a diferentes texturas y sabores, será más fácil que de adulto disfrute de verdaderos manjares.

Para desarrollar este sentido es importante darle la oportunidad de comer alimentos naturales.

Ahora que ya sabes qué es significativo para los perros, te costará menos entenderlos. Ten en cuenta que cada uno tiene su propia manera de captar el mundo, de modo que es importante que te pongas en sus patas para saber qué está viviendo y así poder acompañarlo de la mejor manera posible.

¿CÓMO SE RELACIONAN CON SU ENTORNO?

Para los perros, relacionarse con otros seres vivos y con su entorno es una necesidad. Como ya hemos visto, son animales sociales. Si queremos que disfruten de las relaciones y de la exploración del mundo que los rodea, es importante que se acostumbren a todo lo que se van a encontrar. Si están asustados por algo, la exploración y las relaciones pasan a un segundo plano y se centran en sobrevivir. Repasemos ahora cuándo, cómo, con qué y en qué medida es recomendable que socialicen.

¿Cuándo socializar?

Socializar consiste en habituar al perro a algo para que lo incorpore a su mundo. En algunas etapas de su vida, nuestro amigo canino es una esponja, de modo que será más fácil que acoja algo nuevo en su mundo. De hecho, el periodo que va de las tres semanas a los tres meses se conoce como «etapa de socialización». A un perro que haya estado aislado durante esas primeras fases le costará más su socialización futura. De ahí que sea tan importante acompañarlo de manera respetuosa desde el inicio, aunque no siempre tenemos esa gran oportunidad...

Recuerda que podemos ayudarlo a socializar durante toda su vida siempre que tengamos en cuenta su mochila de experiencias, que, como vimos, empieza a llenarse desde antes de nacer.

Socializar bien

No existe una fórmula única, sino que dependerá del individuo al que acompañemos. Como nosotros, cada uno necesita más o menos relación con los demás, pero siempre tiene que ser una experiencia positiva para el perro. Ante una misma situación, uno puede sentirla como algo fabuloso y otro vivirla como un acontecimiento traumático.

¿Por qué es importante socializar?

El mundo es nuestro lugar de juegos y aventuras piracaniles. Sentirse seguro en él es vital para disfrutar y explorar (recuerda que un perro solo juega si se siente seguro).

Tener miedo a los estímulos provoca muchas dificultades en la convivencia, como ladrar a otros perros y humanos o quedarse paralizado en cualquier lugar. Lo peor de todo esto es que el perro lo pasa realmente mal. Pero dejemos las dificultades para más adelante. Ahora quiero que te centres en habituarlo a su mundo, la mejor inversión que puedes hacer en su bienestar.

¿Dónde socializar?

En todas partes y con moderación. Es importante que el lugar elegido se adecue a vuestro día a día. Es decir, me encanta que los perros sean todoterreno, que disfruten en cualquier lugar, desde la naturaleza más salvaje hasta el restaurante de moda, pero no hay que crear estrés innecesario.

Nosotros vivimos en una aldea gallega en la que nos tenemos que obligar a dar paseos urbanos, aunque también viajamos mucho y pasamos temporadas en el piso de mis padres. Es importante que los perros se acostumbren a la ciudad, pero sin forzarlos; al cubrir sus necesidades, las herramientas de las que disponen les permiten enfrentarse a situaciones retadoras como un paseo por la ciudad.

A veces, con el objetivo de socializar en mente, forzamos el ritmo y la exposición de los perros cuando deberíamos equilibrarnos más.

En resumen, cualquier lugar puede ser una oportunidad para socializar. Es cuestión de ponerte las gafas de perro y percibir el mundo como lo hacen ellos para que sea una buena experiencia.

¿Con qué socializar?

Los perros socializan con otros perros, humanos, sonidos, texturas, olores... Todo es susceptible de añadirlo a su repertorio. Sin hacerlo todo de golpe, tenemos toda la vida para explorar y experimentar.

Lo importante es que el perro desarrolle la habilidad de descubrir nuevos estímulos. De esta manera no habrá aventura que se os resista.

¿CÓMO APRENDEN LOS PERROS?

Esta es nuestra última etapa en la isla. Ya hemos visto cuál es la esencia del perro, qué etapas se distinguen en su vida y cómo percibe el mundo, y, por último, vamos a adentrarnos en el islote del aprendizaje canino, un lugar fundamental para seguir nuestro viaje.

Lo primero que quiero que tengas en cuenta es que el aprendizaje va de dentro hacia fuera. Podemos proponernos enseñarle algo al perro, aunque él lo aprenderá gracias a su curiosidad y a sus ganas de saber más.

Los piracanes aprenden durante todo el día, como nosotros, no solo en las sesiones de entrenamiento, es decir, cuando enseñas el «Sienta», el «Tumba» o el «Junto». El aprendizaje está implícito en todas las vivencias cotidianas.

En este apartado quiero explicarte cómo aprenden los perros y qué tipos de aprendizaje podemos usar para enseñarles. Así nutrirás tu sentido crítico y aprenderás a reconocer qué le va bien a tu perro y qué le perjudica.

En mi caso, en cualquier aprendizaje tengo en cuenta tres elementos: el cuerpo, la mente y la emoción. Los tres aprenden, pero tendrá más importancia uno u otro según lo que esté viviendo el perro, ya que cada parte recibe información que le influirá en ese momento y en el futuro. Pero es común olvidarse de alguno de estos elementos. Vamos a ver qué implica cada uno.

Tipos de aprendizaje canino

Como te decía, el aprendizaje va de dentro hacia fuera, de modo que saber qué motiva a tu perro en concreto será clave para que aprenda. Esto lo veremos en profundidad en el islote Juegos para Pensar. Por ahora, vamos con la clasificación general.

Aprendizaje lúdico

El juego es el motor del aprendizaje, creo que no hay distinción entre el aprendizaje, la vida y el juego, sino que todo está entrelazado. Desde mi punto de vista, es la mejor manera de aprender. Los humanos damos poca importancia a jugar con libertad, por eso desde aquí quiero reivindicar que se ofrezcan tanto espacios adecuados como tiempo de juego a todas las especies.

En este tipo de aprendizaje hay muchos matices que iremos desgranando poco a poco. A veces confundimos diversión con «poco serio», pero nada más lejos de la realidad: jugar es muy serio e importante. Para que se produzca la magia, hay que tomarse el tiempo y el conocimiento necesarios para saber acompañarlo, proponerlo y dar espacio para que surja.

Aprendizaje social

Los perros aprenden de los seres con los que conviven, independientemente de su especie. La intensidad del aprendizaje depende de la confianza que tengan en el otro. Este tipo de aprendizaje puede ser tanto una oportunidad como una pesadilla. Imagínate a un perro que se asusta cuando está con otros perros: si ve que su hermano canino interactúa tranquilo con otro perro, aprenderá a confiar en los demás. Es un poco eso de «los amigos de mis amigos son mis amigos». Aunque también puede ocurrir lo contrario: si capta peligro por parte de su compañero canino, puede imitarlo y acabar percibiendo ese estímulo como algo negativo. De ahí que sea tan importante combinar los paseos conjuntos y en solitario de los perros hermanos. Juntos aprenderán unos de otros, y en solitario afianzarán sus habilidades sin verse influidos por los demás.

Los perros son muy observadores, pueden aprender de todo lo que ven, pero no solo de otros perros, sino también de los humanos.

Aprendizaje por experiencia

En este caso distingo dos tipos en función de si se respeta el tiempo y el espacio de aprendizaje del perro en cuestión, ya que el resultado es casi el opuesto cuando no se tienen en cuenta.

Si se respetan

Si tienes que buscar más información, teclea en Google los bonitos palabros «habituación» o «desensibilización». Cuando se presenta un estímulo (cualquiera) a un perro respetando su espacio y tiempo, este consigue interiorizarlo y, al final, se acostumbra a él. Esa experiencia hace que lo clasifique en su cabeza como «bueno». Parece fácil, pero la vida está llena de imprevistos y sorpresas, lo que impide que controlemos todo lo que vivirá el perro. Por ejemplo, no podemos controlar los sonidos que recibirá cuando salga a la calle o quién se abalanzará sobre él en el parque, ya sea un niño o alguien con buenas intenciones pero malas formas.

Esta manera de aprender es ideal cuando queremos acompañar a un perro para que supere sus miedos a humanos, perros, sonidos, olores... Si conseguimos que la mayoría de las experiencias sean de este tipo, se habituará y podrá convivir con ellas en armonía.

Si no se respetan

Es el clásico «Ya se acostumbrará» o «Si no quieres caldo, toma dos tazas»... Si necesitas saber más sobre este tema, busca en Google el palabro «inundación». Este tipo de aprendizaje ha estado de moda durante décadas en la crianza de todas las especies. La premisa era enfrentar al individuo con lo que lo incomodaba para que superase el miedo a la fuerza y por narices. Pero eso tiene muchos efectos adversos física, mental y emocionalmente. Uno de ellos es que el perro se vuelva aún más perceptivo y sensible a ese estímulo. Es decir, antes de exponerlo de esta manera tan brusca, el estímulo lo incomodaba un poco, pero después de la experiencia reacciona al saber que está presente. Por ejemplo, si antes cuando veía el aspirador echaba las orejas hacia atrás porque se sentía incómodo, ahora ladra como un desesperado para que ese monstruo se vaya. El tipo de señales aumenta en función de la incomodidad que siente el perro. Considero que esta manera de aprender no respeta su bienestar, y esto no lo quiero en mi familia canina.

Sin embargo, hay veces en las que te enfrentas a estas situaciones sin darte cuenta. Por ejemplo, imagina que llevas a tu cachorro al parque para que explore y de repente vienen corriendo hacia vosotros veinte niños ansiosos por conocerlo. Os veis rodeados y tu perrito se pone nervioso y se siente incómodo. Si esto ocurre en un momento puntual y lo acompañas transmitiéndole calma, el cachorro se recuperará y todo quedará en una anécdota. Por el contrario, si la situación se alarga y encima se produce con frecuencia, el cachorro podría percibir a los niños como una amenaza.

También es común aplicar este aprendizaje en el momento del baño. A muchos perros los bañan de golpe, lo que provoca que asocien ese momento con algo negativo. Lo ideal sería que fuéramos acostumbrándolo poco a poco, respetando su espacio y tiempo.

Algo que me ayuda mucho es dividir cualquier situación en distintos aspectos. Siguiendo con el ejemplo del baño, aquí encontramos varias partes: la textura del suelo, el agua, estar en un espacio cerrado, frotarle el jabón, pasarle la toalla y el momento secador. De modo que para un perro al que no le guste mucho que lo toquen, será un momento estresante.

La mejor forma de actuar sería dejar que el perro se vaya acercando al agua y positivizar al máximo la situación. También podemos utilizar herramientas, como un juguete con ventosa que se pegue a la pared de la ducha untado con queso o paté para perros. Lo sé, estás pensando que perderás más tiempo que si lo bañas de golpe. Pues sí, lleva más tiempo, conocimiento y paciencia.

A largo plazo, si acompañas a tu perro y respetas sus ritmos, conseguirás que disfrute del baño, y además compartiréis un momento genial. De la otra forma, cada baño se convertirá en una experiencia traumática de la que no solo aprenderá que eso no le gusta, sino que provocará una pequeña herida en la confianza que te tiene.

La premisa de dejar espacio y tiempo hará que ajustemos los estímulos a tu perro. Para ello es necesario que lo conozcas y que aprendas lenguaje canino para saber interpretarlo. Yo estoy aquí para ayudarte a conseguirlo, no te preocupes.

Enseñar a cualquier perro inundándolo con aquello que lo incomoda es una falta de respeto contra él que puede tener unas consecuencias fatales. Con esto no quiero decir que debamos mantenerlo en una burbuja para que solo viva las experiencias que le propongamos. En nuestro caso, somos una familia exploradora y viajera, y hemos pasado por todo tipo de situaciones. Cuando se dan, los acompaño y confío en que aparezcan las habilidades que hemos reforzado. Para ello es importante que tu compañero canino tenga muchas herramientas, de manera que, cuando llegue el momento crítico, esté preparado para enfrentarse a todo.

Aprendizaje mental

En este tipo de aprendizaje, el perro desarrolla sus capacidades mentales para resolver una situación de su vida o una propuesta humana.

Resolver retos cotidianos

En el día a día se dan muchas situaciones que requieren habilidades mentales para resolverlas. Pueden ser pequeñas cosas, como rodear una farola para llegar a tu lado o pasar por una puerta entreabierta para salir al jardín. Me fascina ver cómo cada uno de mis compañeros caninos resuelve las situaciones que se le presentan a su manera. Por lo general, pensamos que la estimulación solo se da cuando les proponemos un juego estructurado, pero no es necesario, ya que la vida nos presenta situaciones en las que hay que preguntarse cómo solucionarlas.

Veamos un ejemplo real. En octubre de 2018, ocho perros y dos humanos adultos salimos de expedición para explorar las montañas asturianas. Durante el trayecto nos encontramos un río, así que me quedé observando cómo resolvía el problema cada uno:

- A Bongo, el más veterano, le encantaba el agua, de modo que cruzó cual jabalí sin mirar atrás.
- Domi, que acababa de llegar, es de secano. Hace unos años empezó a gustarle el agua, pero en aquel momento no quería saber nada de ella. Decidió dar un salto explosivo y pasó sin mojarse.
- Jambo observó y analizó la situación. Segundos después cruzó por las piedras que sobresalían del río. Cuando llegó al otro lado se metió y se tumbó en el agua. Le encanta retozar cual nutria, eso sí, sin mojarse más que la barriga.
- Vespa corrió como una loca y saltó al otro lado posando las patas en una piedra. Creo que no valoró mucho la situación.
- Nico siguió al otro humano, se dejó guiar por él.
- Abel cruzó por encima de las piedras, sigiloso y tranquilo, sopesando cada paso.
- Yo quise hacerme la chula e imitar el salto de Vespa, pero acabé con una de mis botas dentro del agua.

Como ves, una misma situación puede resolverse de muchas maneras. No hay una mejor que otra, solo son diferentes, y cada uno lo hará según su forma de ser. Me encanta dejarles libertad para que decidan por sí mismos.

Piensa ahora en las situaciones a las que se enfrenta tu perro y en las que tiene que plantearse cómo resolverlas. ¿Le dejas espacio y tiempo para que lo haga como él quiera? Cuantas más experiencias y opciones tenga a lo largo de su vida, más estimulantes le parecerán y más capacidades desarrollará. Si tu respuesta es que no, piensa que te estoy proponiendo un paradigma distinto al que aprendí cuando empecé a convivir con Bongo. Por aquel entonces yo tenía que ser el centro de su mundo, y él debía obedecerme sin rechistar. ¿Te suena lo de líder de la manada y esas cosas? Mi consejo es que conviváis y fluyáis con lo que vaya aconteciendo.

Resolver retos propuestos

Esta es la parte más conocida del aprendizaje canino: los humanos les proponemos retos mentales y ellos los solucionan. Existen muchísimas propuestas, desde juegos físicos donde tienen que sacar algo de un cajón, por ejemplo, hasta juegos de olfato o disciplinas en las que tienen una función importante, como un rescate o la detección de enfermedades o de estupefacientes.

Para que un reto divierta al perro es importante que le marquemos un objetivo claro, el que sea; lo solucionará por sí mismo como vea más conveniente o le trazaremos el camino que seguirá. Es decir, podemos proponerle un reto y dejar que lo solucione como quiera, siempre y cuando estimule la mente, o marcarle un camino y un objetivo claros. En esta parte entraría el adiestramiento para que realice una tarea específica.

Veamos un ejemplo de reto propuesto con solución libre. Un día preparé unos rollos de papel higiénico rellenos de premios. El objetivo era que los piracanes los abrieran y consiguieran el tesoro. Podría haberme planteado otro objetivo, como que los descubrieran de una forma determinada o que encontraran los rollos en un escondite. En definitiva, el objetivo elegido determinará nuestros métodos y cómo iremos perfilándolos hasta enseñarles lo que queremos conseguir. Uno a uno, fueron entrando en la sala de juegos para resolver el reto, cada uno a su manera:

- Bongo deshizo los lados con suma delicadeza. Una vez abierto el rollo, lo volcó y extrajo los premios.
- Domi cogió el rollo y lo zarandeó hasta sacar los premios.
- Vespa usó las patas y los dientes para destrozarlo en un segundo y zamparse los premios.
- Jambo me pidió ayuda, así que le ajusté el invento para que fuera más sencillo, se lo volví a dar y se tumbó en el suelo. Estuvo un rato mirando el juego y, al final, lo mordió con cuidado por el extremo y extrajo los premios.
- Abel lo tiró por los aires, lo cazó varias veces, lo destrozó con las muelas y se comió los premios.

Como ves, cada uno usó su propia estrategia. Algunos le dieron más importancia al juego con el objeto; otros, a los tesoros que se escondían en su interior; alguno fue a lo bruto... Considero que es un buen ejemplo de estimulación mental: deja que tu perro averigüe cómo quiere solucionarlo.

En estos casos, lo difícil es ajustar el juego a cada perro. Cuanto más se adecue a un perro en concreto, mejor, pues se convertirá en un reto asumible que le aportará seguridad y lo ayudará a desarrollar sus habilidades mentales. Si nos venimos arriba, le provocaremos frustración, y si es demasiado fácil, no servirá de estímulo, sino que se convertirá en algo mecánico. Profundizaremos en estas propuestas más adelante.

Aprendizaje por asociación

Esta es la forma de aprendizaje canino más popular y a la que más importancia se le ha dado siempre. Podría hablarte de «condicionamiento operante», de «condicionamiento clásico», de Pávlov, Skinner, etc., pero no lo voy a hacer. Si quieres leer sobre el tema con palabras técnicas, no soy tu chica ni este es tu libro.

Anticipar

Los perros, como nosotros, asocian sonidos, texturas, tonos de luz, etc., a algo que va a ocurrir, de modo que pueden anticipar lo que pasará después de recibir un estímulo.

Un ejemplo muy claro es el timbre. Cada vez que suena, el perro lo relaciona con que viene alguien, de modo que, al oírlo, se pone a saltar o a ladrar, según lo que le haga sentir. Para comprobarlo, sería tan sencillo como cambiar el sonido del timbre. Te darías cuenta de que, las primeras veces, el perro no reaccionaría, puesto que no tendría un significado para él. En cambio, al usarlo un par de veces —no le harían falta muchas más— volvería a asociar ese sonido con las visitas.

Este tipo de aprendizaje también se puede aplicar a la forma de actuar en una situación concreta. Por ejemplo, imagina a un perro que pasea unido a su humano por la correa. Si cada vez que se adelanta, el humano pega un tirón y le grita «¡NO!», el perro asociará esa palabra con dolor en el cuello. Lo mismo ocurre con el «Muy bien»; esta expresión no significa nada para él, pero toma relevancia cuando la asocia a algo bueno.

Como hemos visto, la anticipación puede asociarse a un sonido, unas prendas concretas, un olor, un sabor, a la textura del suelo…

Su capacidad es impresionante. En ocasiones hay que hacer una buena investigación para averiguar qué asociación ha dado pie a determinada anticipación.

Cuando Bongo era un jovenzuelo, solíamos ir a la protectora para echar una pata a los perros que están allí confinados. Yo los sacaba y, con Bongo, disfrutábamos en los patios del exterior del recinto. En una de esas salidas, alguien pasó por allí y yo lo saludé con un «¡Hola!». Al instante, Bongo se excitó hasta tal punto que se puso a ladrar de emoción. En aquel momento me di cuenta de que había asociado mi saludo al hecho de que viniera gente, es decir, que anticipaba la llegada de alguien.

Tesoros y castigos

En la bibliografía encontrarás este tipo de aprendizaje como «condicionamiento clásico» y «condicionamiento operante», pero como ya sabes que no uso palabros, voy a contártelo con términos divulgativos.

Esta es la forma de enseñar más popular entre los humanos que conviven con perros: lo que se quiere enseñar, se refuerza; lo que no, se castiga. Parece sencillo, aunque tiene millones de matices que requieren que conozcamos muchos aspectos. Tranquilo, lo iremos desglosando para que al final tengas una hoja de ruta que te permita enseñar a tu perro respetando tu esencia y la suya.

Este aprendizaje recoge muchas de las metodologías de enseñanza canina: lo positivo, el lado oscuro, lo moderno, lo tradicional... Para mí, lo más importante es que tengas en cuenta el bienestar mental, físico y emocional de tu perro, así que te explicaré los rasgos esenciales para seguir nutriendo tu sentido crítico canino.

¿Cómo aprende el perro a través de tesoros y castigos?

Primero definiré qué es un tesoro y qué es un castigo para el perro, lo que dependerá de cada uno, ya que entraremos en la percepción que tenga de eso en concreto.

Un tesoro es lo que percibe como bueno —comida, caricia, juguete, olor, textura...—, y un castigo, lo que siente como malo: un tirón de correa, un abrazo, una caricia, apartarlo del grupo, hacerle daño o cualquier barbaridad que se te ocurra.

El humano es muy creativo a la hora de hacer daño a otro ser vivo, y a veces la violencia no es física. Me propongo entrenar tu mirada para que aprendas a identificar el daño más allá del que se ve. Para mí es igual de importante el daño emocional que el físico. De hecho, este es más fácil de curar. En ocasiones, el emocional no hay forma de repararlo.

Ejemplo

Vamos a poner un ejemplo práctico para que entiendas los conceptos que hemos visto hasta ahora.

Juanita es una perra de ocho meses, una «chimichurri» mezcla de labradora y vete a saber qué. Le entusiasma la aventura que representa salir a pasear por la calle. Su humano le ha puesto un arnés que le deja libertad de movimiento. En la calle, Juanita tira de la correa. El objetivo del humano es enseñarle a pasear sin tirar.

Ahora vamos a ver cuatro situaciones según esta manera de aprender, sin tener en cuenta todos los matices. Más adelante veremos todo lo que hay detrás. Por ahora quiero que te centres en qué aprende el perro en cada situación. ¡Vamos allá!

1. **Agregar cosas buenas.** El humano de Juanita se va a un lugar tranquilo donde sabe que es más fácil que deje de tirar de la correa. Cuando pasea sin tirar le da premios comestibles que le encantan, de modo que

propicia que Juanita no tire de la correa y encima agrega algo bueno para ella si lo hace.

2. **Retrasar cosas buenas.** Juanita está tirando de la correa, así que su humano se queda quieto y espera a que deje de hacerlo. En ese momento, ella no entiende por qué no puede avanzar. Cuando la correa se afloja, el humano sigue caminando. De esta manera retrasamos la cosa buena: seguir paseando.

   Quiero explicarte otra situación en la que se aplicaría este principio. Hay una técnica conocida como *time out* —al menos así lo aprendí hace más de una década— en la que se aparta al perro cuando está haciendo algo que queremos cambiar.

   Por ejemplo, imagina que nuestro compañero se pone a saltar encima de las visitas, así que lo cogemos y lo sacamos de la habitación, quitándole eso bueno que estaba teniendo. Discrepo de esta técnica. Cuando empezaba y no tenía muchos recursos, la usé demasiado, pero después de observar y percibir los resultados creo que provoca daño emocional. Para los perros, que los aparten de su familia es doloroso, y con la manipulación brusca que conlleva cogerlos para llevarlos a otro lugar se rompen muchas cosas.

3. **Agregar cosas malas.** En cuanto Juanita tira de la correa, su humano da un tirón y añade «¡No!». Dependiendo de la herramienta de paseo que lleve en ese momento, la molestia (o el dolor) será mayor o menor. En este caso estamos agregando algo malo para el perro. Según dice la leyenda, hay que añadir esa molestia hasta que haga lo que le quieres enseñar. Imagínate que Juanita está tirando de la correa y su humano decide que el collar eléctrico será más efectivo. En ese caso, cuando tira de la correa acciona el collar —añade algo malo—, y no deja de hacerlo hasta que Juanita lleva la correa floja, es decir, lo que queremos enseñar. Sí, lo sé, te duele pensar en lo mal que lo está pasando Juanita.

   En este ejemplo es fácil ver que el piracán está sufriendo, pero hay muchos perros que lo pasan mal porque sus humanos aplican este criterio de manera disimulada: collares monos que duelen, toques en el cuello o en el morro, patadas en el trasero, gritos, pellizcos y un montón de cosas más.

4. **Retrasar cosas malas.** Juanita ha aprendido que si tira de la correa, le cae una buena, así que ha dejado de hacerlo. Su humano está pendien-

> te para volver a tirar en cuanto ella lo haga de nuevo. Es decir, estamos retrasando las cosas malas, y esto requiere que aprenda que pasan cosas malas cuando tira de la correa.

Esta clasificación simplificada de los tipos de aprendizaje de los perros será una información muy valiosa que te permitirá saber qué percibe y aprende tu amigo canino. Unas veces está muy claro, pero en ocasiones es más complejo.

A lo largo del viaje te iré planteando situaciones y analizando qué aprendizaje recibe el perro. En el islote Juegos para Pensar profundizaremos en la parte más práctica de enseñarle, pero ahora quiero que reflexiones sobre algunos aspectos asociados con el aprendizaje.

ACOMPAÑAR EN EL PROCESO DE APRENDIZAJE

Considero que nuestro papel en el aprendizaje canino es el de acompañantes, y solo a veces, el de propiciadores, es decir, estar allí por si hay que volver a casa y fomentar tanto el ambiente como las experiencias idóneos para que el aprendizaje sea bueno.

En ocasiones cuesta estar y mantenerse apartado a la vez para que el perro viva la experiencia y, al mismo tiempo, adelantarnos a las situaciones complicadas. Es decir, acompañar sin invadir. Sinceramente, no sé si llegaremos a alcanzar ese equilibrio, ya que varía en cada momento y con cada perro. Prefiero poner toda mi energía y atención, y que luego pase lo que tenga que pasar.

Expectativas humanas en el aprendizaje

Como ya hemos visto, los humanos solemos montarnos en la cabeza nuestro perro ideal, ese que nos acompaña desde siempre en la imaginación nutrida por películas, perros que conocimos en la infancia o el recuerdo de otros que nos acompañaron de una manera muy profunda.

Luego está el perro real, el que convive con nosotros y con el que aprendemos a diario. Te propongo que te centres en él, que busques la forma de motivarlo, crear un equipo juntos y construir un vínculo fuerte entre vosotros.

Olvida los objetivos; en el aprendizaje, eso corta el rollo. Aprender es divertido e interesante, y el objetivo es algo externo lleno de postureo. Consejo: céntrate en disfrutar de cada paso juntos.

Después de despedirnos de Jambo y echarnos de nuevo al mar en nuestro barco, te encuentro pensativo. Te entiendo, quizá esta isla te haya removido... Conocer de primera mano la esencia de tu compañero habrá derribado muchos mitos y seguro que te has cuestionado muchas vivencias pasadas, presentes y futuras.

También yo cometí muchísimos errores por querer forzar el ritmo de Bongo, el origen de este proyecto. Mi falta de conocimientos me hizo acompañarlo de una manera abrupta e incluso violenta en algunos momentos. Respeta a tu yo anterior, lo hizo lo mejor que supo. Abrazarte en el viaje que estás transitando es importante para que tu compañero y tú forméis un equipo sano. Lo sé, te hubiera gustado hacerlo mejor, pero la evolución forma parte del viaje.

La enseñanza que nos ha querido ofrecer Jambo con su visita a la isla Esencia Piracán es que lo más importante es navegar a favor de la naturaleza de tu perro. Cada uno es único, y aunque todos tengan características comunes, sus matices son diferentes.

Es fundamental conocer para acompañar mejor.

¡Tierra a la vista!

Isla 2

Comunicación Canina

Después de todo lo aprendido en la isla Esencia Piracán, ya vemos en el horizonte nuestro siguiente destino: Comunicación Canina. Al desembarcar nos encontramos con Abel, nuestro acompañante. En cuanto bajamos del barco observamos diversos grupos de piracanes haciendo diferentes actividades, colaborando de forma tranquila y cooperativa. Se comunican en todo momento, forman un equipo. Nos quedamos fascinados con esa estampa, y Abel se percata de ello.

(Abel, si fuera humano, sería un señor afable y muy correcto al que le encantaría tenerlo todo muy ordenado. Imagino su voz de lord inglés, es decir, un poco estirada, con tono tranquilo y atento).

Pat de nuevo al habla. En esta isla voy a darte las bases comunicativas de los perros. Me ha costado mucho encontrar la forma de simplificar un idioma en un solo capítulo, así que únicamente podré ofrecerte las bases de su comunicación para que luego sigas explorando y nutriendo tu capacidad como intérprete canino.

A los humanos nos cuesta entender a los perros porque estos, sobre todo, usan el cuerpo y el olfato para comunicarse. Casi podríamos decir que, en su caso, el habla es complementaria al mensaje principal. En cambio los humanos nos comunicamos a través del lenguaje verbal, aunque el corporal también tiene muchísima importancia en la conversación.

Como decía Abel, nos queda mucho por descubrir si queremos aprender a interpretar lo que un perro quiere transmitir. Al final, todo lo que sabemos sobre ellos se basa en observaciones y elucubraciones que nos hemos montado. Aún no ha nacido el perro que nos pueda traducir lo que sus congéneres quieren decirnos con cada gesto. Ni siquiera lo sabemos en nuestra especie…

Además de ofrecerte unas nociones básicas para que empieces a entender lo que comunican los perros, en este capítulo también quiero concienciarte de lo que estás comunicando tú. Esto es una conversación: por un lado, tenemos un emisor que emite un mensaje por un canal y, por el otro, un receptor que capta esa información y la interpreta.

Por lo general, pensamos que un perro solo se comunica a través del ladrido, pero en realidad lo hace con todas las partes del cuerpo y con sus sentidos.

Conocer el lenguaje de los perros nos permitirá:

- Comunicarnos a distancia cuando paseamos sin correa gracias a la señal de la llamada y a la confianza mutua.
- Comunicarnos a través de la correa cuando paseamos por la ciudad.

- Averiguar si la interacción con otro perro es amistosa o conflictiva.
- Y, sobre todo, saber cómo se siente en cada momento y acompañarlo ajustando los estímulos de manera que esté lo más cómodo posible.

El mayor regalo que le puedes hacer a tu compañero canino es entenderlo. ¡Vamos allá!

ENTRENA TU CAPACIDAD PARA ENTENDER QUÉ DICEN LOS PERROS

Esta facultad se entrena durante toda la vida y en todo momento. Nadie tiene la interpretación exacta ni la verdad absoluta, y aunque perros y humanos habláramos el mismo idioma, no sabríamos qué quiere decir el otro. Si no, mira lo que nos pasa a los humanos cuando hablamos entre nosotros: a veces, incluso diciendo lo que queremos, el otro entiende algo distinto.

Cuando empieces a aprender su lenguaje, al principio todo te parecerá lo mismo, igual que cuando te pones a estudiar un nuevo idioma humano. En la cabeza, todo se mezcla. Poco a poco irás entrenando y esto hará que captes cada vez más matices.

La mejor manera de aprender el lenguaje canino es observando y practicando mucho. Al inicio no entenderás más que lo básico, pero te aseguro que, a medida que entrenes tu visión piracán, irás distinguiendo más tonos. Y llegará un punto en que, casi de forma innata, entenderás lo que te dicen sin necesidad de que te ladren.

Si estás leyendo este libro, lo más probable es que seas una persona curiosa y estudiosa, de las que se hacen esquemas, incluso puede que estés subrayando el texto o tomando notas. Esto hace que cuando nos ponemos en modo «Voy a entender a los perros», nos centremos en la parte mental. Te propongo que la nutras, claro, pero luego, en el ámbito de la convivencia, conectes con tu entraña y le hagas caso, ya que se alimenta de todo el conocimiento que aprendes día a día. Además, no entiende tanto de conceptos, sino de sensaciones.

Observar

Dedica tiempo a observar a los perros. Estamos tan inmersos en nuestros pensamientos, incluso en las pantallas, que no prestamos atención al compañero canino junto al que paseamos y convivimos. El primer paso es entrenar la vista para fijarnos en todo lo que ocurre delante de nosotros, lo que está recibiendo, sintiendo y comunicando. Puedes observar en el momento o grabarlo para verlo luego con calma y a cámara lenta. El ojo humano poco entrenado se pierde muchísimo de la conversación.

Date tiempo para, poco a poco, ir entendiéndolo cada vez más. Llegará un momento en que no sabrás por qué, pero comprenderás lo que está ocurriendo. Y eso vendrá de algo que habrás interiorizado, no tanto de la mente.

Estudiar

Si estás leyendo este libro, no hace falta que te anime a estudiar o a aprender sobre el lenguaje canino. Estoy segura de que eres un empollón de los que siempre buscan maneras de nutrirse y mejorar su conocimiento. Estudia y sé crítico con todo lo que te llegue.

En esta época de la inteligencia artificial y de la explosión de las redes sociales, disponemos de más información de la que podemos consultar en millones de vidas. Sé crítico y selecciona lo que dejas entrar en tu cerebro. Piensa que cada dato condicionará lo que interpretes después.

Considero que todavía queda mucha mentalidad arcaica anclada en que el perro quiere dominarnos y conquistar nuestro reino. He visto demasiadas conversaciones interpretadas erróneamente que se han hecho virales por internet. Pero si estás aquí, eres un explorador canino inconformista. ¡Ejerce tu cometido!

ConVIVIR

Los idiomas se aprenden practicando. ¿Y cómo podemos practicar el lenguaje canino? Convive con tu perro. Nos comunicamos durante todo el día, así que cuanto más tiempo conviváis, más hablaréis y más fácil te resultará entender a tu compañero canino y al resto de su especie.

Mi mayor formación ha sido y sigue siendo convivir con los piracanes a diario, además de observar y acompañar a mis alumnos.

Analizar

Ahora que ya tienes bastante información, analiza las diferentes situaciones que iréis viviendo y observa qué señales te ofrece tu perro en particular. Como veremos, cada uno usa más unas señales que otras, incluso algunos les dan una intención y otros, otra muy distinta. Conocer el registro de tu perro te ayudará.

Todos usamos señales conectadas con un estado emocional. Por ejemplo, yo suelo apretar los labios cuando siento rabia. No soy consciente de ello, pero mi pareja, con solo mirarme, sabe en qué momento me siento así.

¿CÓMO SE COMUNICAN LOS PERROS?

Como vimos en el apartado «¿Cómo captan el mundo?» de la isla Esencia Piracán, los perros se comunican sobre todo con el cuerpo y el olfato, y complementan su mensaje con el habla.

Cuando pensamos en un perro que se está comunicando, lo primero que nos viene a la mente es que gruñe o ladra, pero esto solo ocurre cuando ya ha dicho tantas cosas con el cuerpo sin obtener comprensión por parte de su interlocutor que necesita utilizar el habla para hacerse oír.

Los perros mantienen conversaciones increíbles solo con el lenguaje corporal, sin necesidad de emitir sonido alguno. Según la forma y la posición de cada parte de su cuerpo, envían una señal u otra. Sin embargo, esta no puede interpretarse por sí misma, pero si unimos el cuerpo, el habla y el contexto, la podremos descifrar.

Conocer a los perros que están conversando y convivir con ellos nos aporta mucha información. Cuanto más practiques, mejor entenderás su mensaje y cada vez dudarás menos de tu interpretación. Es lo más interesante de convivir con ellos, no paras de aprender.

¿Como favorecer la comunicación entre los perros?

Para que la comunicación entre ellos sea armoniosa, es necesario que el perro tenga lo que se suele llamar «habilidades sociales», es decir, que sepa interactuar con los demás de diferentes maneras. Para ponerte un ejemplo humano, sería como tener la habilidad de hablar con tu familia cercana, con los vecinos, con los compañeros de trabajo, con el camarero o, incluso, con el presidente... Seguro que estamos de acuerdo en que, cuantas más habilidades tengas, más fluido y fácil será. Y eso te abrirá todas las puertas.

Para remar en favor de las habilidades sociales del perro, debemos propiciar que viva BUENAS experiencias y sienta que se le respeta. Esta frase es corta y concisa, y puede parecer muy sencilla, pero es realmente difícil que se den estas dos premisas en nuestra sociedad.

En primer lugar, una **buena experiencia** para ese perro concreto depende de varios factores que, si se ajustan a él, la generarán:

- Lo **socializado** que esté, es decir, si está habituado a lo que se va a encontrar en el día a día. Aquí se incluyen otros perros, humanos, sonidos, texturas...
- La **distancia** a la que se produzca el encuentro, que ha de ajustarse a ese perro en particular. Es decir, algunos son de contacto y disfrutan con las interacciones cuerpo a cuerpo. Otros, en cambio, necesitan que todo se haga a cierta distancia. Basta con observar la diferencia de estilos de juego que hay entre ellos, un tema asombroso que trataremos más adelante.
- El **tiempo** que dure la interacción. Hay perros que se sentirán cómodos si la conversación es corta y apacible, pero la cosa cambia si se alarga, ya que puede que no estén tan a gusto.
- La **intensidad**. Hay perros con un nivel de energía muy alto, puede que por edad —cachorros y adolescentes se llevan el premio— o porque no tengan cubiertas sus necesidades. A veces, los paseos son insuficientes y tienen la energía por las nubes o quizá su descanso es de pésima calidad y esto hace que se muestren irascibles y un poco bordes.

En segundo lugar, debemos procurar que el perro sienta que se lo respeta. Para ello, es necesario que sepamos entenderlo y mediemos si no está cómodo, sin esperar a que tenga que decírnoslo de una manera poco decorosa con un ladrido, un gruñido o un marcaje. Respetar a un perro en este contexto es sacarlo de allí si no se siente a gusto, mediar con otro perro, dejar distancia. Dependiendo de cada situación, será de una manera u otra.

Y aquí, explorador, reside el aspecto más complejo de convivir con perros: saber cuándo mediar y cómo hacerlo. Sobre este tema existe mucho debate, pero el que dirá si es o no la mejor opción eres tú, así que solo te daré algunas sugerencias. ¡Vamos allá!

¿Cuándo mediar?

Quizá pienses que los humanos tenemos que mediar **siempre** al ver un conflicto o cuando la cosa se pone tensa, pero en realidad el tema es más complejo. Recuerda que somos meros acompañantes, ya que los perros son unos artistas de la conversación si tienen las habilidades sociales adecuadas. Así que mi propuesta es que solo medies cuando veas que alguno de los interlocutores no está entendiendo lo que le dice el otro o no tiene las habilidades precisas para continuar charlando cordialmente. Lo sé, no es fácil distinguir cuándo sucede, así que te guiaré para que desarrolles tus habilidades, los comprendas y llegues a convertirte en un buen acompañante.

¿Cómo mediar?

Es muy difícil explicarlo por escrito... Me encantaría que me acompañaras en nuestro día a día. Hay muchas maneras de mediar entre ellos, así que intentaré resumírtelas:

- **Cuerpo en medio.** Pon sutilmente el cuerpo entre los dos perros. Esto ellos lo hacen mucho, ¿te has fijado? Cuando dos canes mantienen una conversación algo tensa, a veces viene un tercero y pasa entre ellos, como una manera de mediar y poner paz en la conversación. Puedes hacer lo mismo, pero siempre sin invadir, tocar ni lanzar patadas voladoras.

- **Llamada en el momento justo.** Con calma, llama a tu compañero perro para que salga de donde está. En esta situación, lo importante es que sea en el momento justo. Es decir, si lo haces cuando están muy tensos, quizá provoques un conflicto. Es como cuando alguien está hablando y esperas una pausa para dar tu opinión sobre el tema. El instante es muy sutil y requiere de entrenamiento para saber cuándo se produce.

  El tono y la energía que se desprenda de la llamada también es fundamental. Procura estar tranquilo y que tu voz sea suave, pues lo que quieres es tranquilizarlo. Si lo llamas nervioso, empeorarás la situación.

- **Uso de obstáculos.** Poner obstáculos entre los perros es muy útil; se utiliza en muchas terapias caninas porque puede propiciar la comunicación. Por ejemplo: una farola, un tiesto o un coche pueden ayudarnos a mediar entre perros.

  Como hemos visto, sus conversaciones comienzan a distancia, así que, como acompañante, puedes escoger una ruta en la que los obstáculos sirvan de mediadores y pongan paz entre ellos. No estoy hablando de arrastrar, sino de acompañar por un camino en el que puedas usar los obstáculos como barrera física que permita que fluya la conversación.

- **El poder de la correa.** Cuando una conversación empieza a ponerse tensa, cualquier mal gesto puede ser el detonante para que suba de nivel. En muchas ocasiones, tirar de la correa o levantar la voz provocará que lo que iba a ser una conversación se convierta en un conflicto.

  La información que transmitas a través de la correa será importante. Lo ideal es que la lleves de una forma neutra, larga, sin tensión, para que el perro tenga libertad de movimiento y pueda acercarse o alejarse en función de lo que necesite. Sin embargo, a veces no es fácil porque quiere acercarse a toda costa, el humano se asusta y tira de él, y, como respuesta, el perro tira aún más fuerte. Al final se crea un despropósito de correas tirantes y piracanes con ganas de interactuar. Por eso es básico que el acompañamiento con la correa propicie una conversación tranquila. Intenta acompañarlo y ser casa por si te necesita. Así protagonizará su propia vida.

Estas son algunas sugerencias para ser un buen acompañante de los perros en sus relaciones sociales. Como ves, todo requiere de mucha observación y de un conocimiento profundo para entenderlos.

En resumen, como acompañantes, nuestro papel es propiciar el buen entendimiento entre ellos. A veces, con no molestar es suficiente. Creo que muchos de sus malentendidos vienen provocados por nuestra manera de tirar de la correa, hablar, movernos, bloquearlos…

¿Cómo favorecer una buena conversación con otros perros?

En este punto quiero explicarte cómo propiciar que los perros puedan expresarse con libertad. La parte química, es decir, los olores y aromas, es la que cobra más importancia para ellos a la hora de recabar información, pero nosotros, a veces, incluso sin darnos cuenta, la obstaculizamos con tironcitos de correa y prisas.

Solo hace falta que observes a los perros con los que os crucéis durante cualquiera de vuestros paseos. Imagínate que el perro A quiere saludar al perro B. Vamos a crear una situación real para explicarte lo que sería lo ideal:

Paso 1. El perro A y el perro B se ven a lo lejos. Ventean (indagan cogiendo aire) y reciben información química el uno del otro.

Paso 2. Se dejan un mensaje químico el uno al otro. Es decir, uno hace pipí, el otro lo percibe (lee el mensaje) y le contesta, y el primero recoge la respuesta. Todo esto, por el momento, a distancia, aún no ha habido contacto directo.

Paso 3. Si la conversación que han mantenido les cuadra, ambos se acercarán haciendo un círculo y acabarán saludándose.

Paso 4. Es importante dejarles libertad de movimiento para que interactúen y se comuniquen sin necesidad de herramientas (correas, collares, etc.).

Paso 5. Lo que venga después dependerá de ellos. Algunos quieren jugar, otros siguen su camino, incluso los hay que pueden decirle al otro que no les ha gustado lo que les ha dicho o que se relaje...

Sé que muchas veces no hay tiempo ni espacio para este tipo de interacción, aunque cuanto más se parezca el encuentro a este, más relajado será.

El peligro de los parques de perros

Ahora que hemos analizado la interacción ideal entre los perros, compárala con lo que se produce en los parques caninos. En estos lugares sucede todo lo contrario. Es un espacio cerrado donde hay muchos perros que vienen a saludar de golpe, con poco sitio para comunicarse, y si a eso le sumamos los humanos que no están atentos a lo que ocurre, se vuelve una mezcla explosiva.

Como los perros son grandes diplomáticos y comunicadores, los incidentes son mínimos en comparación con las condiciones hostiles en las que tienen que relacionarse, así que ten en cuenta a los perros y humanos que están dentro del parque para decidir si entráis o no. Para mí es importante comprobar si los perros dejan espacio a los que entran y qué hábitos muestran en la zona canina. Por la parte humana, me fijo en si se ocupan de sus compañeros caninos, si median cuando toca y si potencian la calma en el ambiente.

Demasiadas veces vemos a humanos distraídos que no prestan atención, incluso potencian el caos y los conflictos tirando la pelota o dando premios a los perros del parque de forma indiscriminada. Además, les hablan nerviosos en voz muy alta y les dicen qué hacer y qué no. Sobre todo lo que no.

¿Cómo te comunicas con los perros?

Antes de adentrarnos en el maravilloso mundo de las señales caninas, quiero que te preguntes qué señales les das tú como humano. También nosotros pasamos la vida comunicándonos… A veces somos conscientes de ello, como cuando hablamos, pero en ocasiones no nos damos cuenta. Sin embargo, los perros captan todas las señales: no verbales, olfativas, gestuales y verbales. No podrás evitar que sepan lo que estás sintiendo y comunicando.

Para que confíen en nosotros es importante que seamos coherentes, es decir, que lo que estemos diciendo con gestos concuerde con nuestras palabras y con nuestro olor. Por ejemplo, cada vez que llamas a un perro con voz suave y luego lo riñes, te estás cargando tu coherencia y la confianza que tenga en ti. Cuando te comuniques con tu perro, sé consciente de toda la información que emites.

Algunos humanos se sorprenden cuando me oyen dar las gracias o pedir perdón a mis compañeros perros. Lo hago porque creo que entienden más de lo que pensamos y que perciben la intención que ponemos en nuestros actos. Como ya te he dicho, para mí es un regalo que quieran compartir su vida conmigo, así que darles las gracias y pedirles perdón cuando la cago (lo cual ocurre muchísimas veces) forma parte de lo que quiero que sientan.

SEÑALES CANINAS

Como hemos visto, el cuerpo juega un papel fundamental en la comunicación de un perro. La posición de las orejas, el movimiento de la cola, la musculatura, la lengua..., todo el cuerpo se une para transmitir lo que siente e incluso su intención. Además, los perros son capaces de mantener varias conversaciones a la vez, es decir, mandar señales a un perro y a otro al mismo tiempo según hacia dónde mire. Cuando lo veo, siempre me imagino a un humano con dos teléfonos, uno en cada oreja.

Para simplificar, he seleccionado las principales partes del cuerpo con las que se comunican y he explicado qué hace con ellas para comunicarse. Existen millones de matices, pero los dejaré para otra ocasión.

Vamos a hacer un inventario: iremos pasando por las distintas partes del cuerpo y observaremos cómo las usan en la comunicación. De hecho, te propongo que lo hagas con tu compañero canino. Obsérvalo y ve registrando las señales que transmite.

Ojos

Abiertos

Pequeños

Media luna

Mirada de cachorro

Los perros pueden expresar muchas cosas con los ojos. Quizá esta acción no tenga tanto significado como para nosotros, ya que para ellos mirarse a los ojos fijamente es incómodo, pero para nosotros es una muestra de atención y afecto. Veamos cómo se comunican con los ojos:

- **Dilatación de las pupilas:** se dilata la pupila y puede verse cómo se agranda y se empequeñece. Es fácil detectarlo en perros con los ojos claros, pero en los que los tienen oscuros cuesta percibirlo. Me alucinó la primera vez que lo vi.
- **Media luna:** mira hacia un lateral de forma que se le ve un trozo de ojo blanco en forma de media luna. También se le llama «ojos de ballena» porque recuerda a los ojos de estos animales.
- **Mirada firme:** mantiene la mirada fija en otro perro, con los ojos muy abiertos.
- **Mirada suave:** los músculos que rodean el ojo están distendidos y la mirada es relajada.
- **Ojos abiertos:** más de lo habitual, como si estuviera sorprendido. Hay perros a los que parece que se les vayan a salir de las órbitas.

- **Ojos pequeños:** cierra los ojos y los convierte en ojillos, como si le molestara la luz y quisiera protegerse de ella.
- **Pestañeo:** abre y cierra los ojos como a cámara lenta, como si se le hubiera metido algo y quisiera sacárselo pestañeando.

Orejas

Subidas — Atrás — Oblicuas

Los perros tienen un control increíble del movimiento de las orejas. Usando solo esa parte del cuerpo podrían mantener una conversación intensa y muy profunda. Me he limitado a recoger los movimientos más generales:

- **Atrás:** movimiento hacia atrás.
- **Hacia delante:** se enfocan hacia delante.
- **Pegadas al lateral:** las pone como si quisiera plegarlas para pasar por un lugar estrecho. Si lo ves de frente, parece que no tenga orejas.
- **Oblicuas:** las pone en diagonal. Seguro que si te digo que en ocasiones se asocia con el giro de la cabeza, ya sabrás de qué te hablo.
- **Relajadas:** dependiendo de su forma, caerán hacia los lados o apuntarán hacia arriba.

- **Subidas:** las sube. Si las tiene caídas se verá más claro, y si acaban en punta se apreciará que las estira hacia arriba.

Nariz (trufa)

Abrir la trufa Ventear

En este punto solo he incluido lo que hace referencia al uso de la nariz en la comunicación. Por supuesto, hacen muchísimas cosas más, pues te recuerdo que el olfato es su sentido más desarrollado.

- **Abrir la trufa:** es como si abriera los alerones en pleno vuelo.
- **Olfatear el suelo:** tiene la intención de oler lo que hay en un lugar concreto.
- **Ventear:** levanta la cabeza y pone la trufa a trabajar, es decir, la abre y la cierra para coger las partículas de olor que están en el aire.

Boca

Gruñido

Lamerse la trufa «dame espacio»

Lamerse la trufa «acabo de comer»

Cuando pensamos en la boca de un perro nos viene a la cabeza el morder, pero con el movimiento de la boca, su forma o los sonidos emitidos, un perro transmite mucha información. En este apartado quería añadir referencias al habla, es decir, a los sonidos que emite el perro, pero como la variedad es tan grande me he quedado con el ladrido y el gruñido. Según lo que transmita con el cuerpo, y según el contexto en que se encuentre, la intención de su mensaje será muy diferente.

- **Ladrar:** emite el sonido de ladrido. Hay tantas variedades de ladridos que no tendría libro suficiente para enumerarlas y describirlas todas.
- **Gruñido:** hace este sonido: «grrr». Qué difícil describirlo... Alucinarías con la de tipos de gruñido que pueden emitir.
- **Abrir-cerrar rápido:** chasquea los dientes muy rápido.
- **Boca relajada:** tiene la musculatura bucal laxa. En función de su morfología, será de una manera u otra.
- **Bostezar:** abre la boca, a veces con un suspiro incorporado. Es contagioso, tanto que al describirlo me ha venido un bostezo.
- **Golpear con el morro:** te da un golpecito con el morro en la pierna, en la mano o incluso en la cara si te pilla acostado.

- **Jadear:** coge aire con la boca abierta de forma rápida.
- **Lamer los belfos:** chupa los labios de otro perro.
- **Lamerse la trufa:** saca la lengua y se chupa la nariz.
- **Lengua entre los dientes, lateral y extendida:** es la típica de perro cansado después de darlo todo.
- **Levantar los belfos:** es decir, el labio superior. Acorta esta parte y después puede gruñir o no.
- **Marcaje al aire:** lanza un mordisco fugaz al aire.
- **Morder de verdad:** cuando hay sangre y herida. Puede morder y soltar o morder y zarandear. Hay mordiscos de muchos tipos, pero en este libro divulgativo lo definimos como el que hace una herida de las que necesitan puntos.
- **Mordisquear un objeto:** cualquier cosa, un palo, una piña, un juguete… Lo que haya escogido para mordisquear.

Cabeza

Girar la cabeza

Ladear la cabeza

Por lo general, a esta zona del cuerpo no se le presta atención, pero nos ayudará a saber de qué está pendiente el perro.

- **Cuello hacia arriba:** levanta la cabeza.
- **Girar la cabeza** como si mirara hacia un lado.
- **Ladear la cabeza** hacia un lado, pero mirando de frente.
- **Poner la cabeza encima** de otro perro o humano.

Cuerpo

Con este nombre nos referimos a que debemos fijarnos en el conjunto y en algunas acciones que hacen los perros en general.

- **Alinearse (cabeza, columna, cola):** todo el cuerpo sigue una línea. Analizando vídeos a cámara lenta es una pasada ver cómo se alinean hacia delante o hacia atrás y que el resto del cuerpo adopta la misma forma. En este caso hablaríamos casi de microseñales. Por ahora quiero que te quedes con la parte general, que, si no, nos liamos con los detalles y perdemos la información relevante.
- **Dar la espalda:** mira en dirección contraria a la de su interlocutor.
- **Echarse panza arriba:** se pone con la barriga hacia arriba.
- **Erizarse:** se le eriza el pelo en la parte del cuello hacia la espalda. Hay razas que lo tienen así de serie, un rasgo conocido como «piloerección», en serio.
- **Hacer una reverencia:** estira las patas de delante y deja el culo en pompa.
- **Montar:** se pone encima de otro subiéndose por detrás.

- **Quieto:** se queda congelado, algunos parecen estatuas.
- **Revolcarse:** se mueve de un lado a otro mientras está panza arriba.
- **Sacudirse:** mueve todo el cuerpo de un lado a otro.
- **Sentarse de espaldas:** se sienta dando la espalda al que se comunica con él.
- **Tumbarse del todo relajado:** tiene las cuatro patas extendidas en el suelo. Está tumbado y con los traseros de lado, lo que indica relajación total.
- **Tumbarse en modo acecho:** se tumba con las patas preparadas para levantarse en cualquier momento y todo el cuerpo apuntando hacia un lugar.

Patas

Dar con la pata

Levantar la pata delantera

Los perros utilizan mucho las patas para comunicarse. En este apartado he resumido las señales que creo más relevantes en una conversación.

- **Dar con la pata:** toca al interlocutor con la pata.
- **Levantar la pata delantera:** levanta una de las patas delanteras y la deja como si colgara.
- **Rascarse:** se rasca alguna parte del cuerpo con la pata, ya sea la cabeza, el costado o la parte interior de las ingles.
- **Rascar el suelo:** rasca el suelo sin importar su textura; no solo rasca en la arena para hacer un agujero, sino que también puede rascar el cemento.
- **Saltar con las cuatro patas:** salta con las cuatro patas en el aire.

Cola

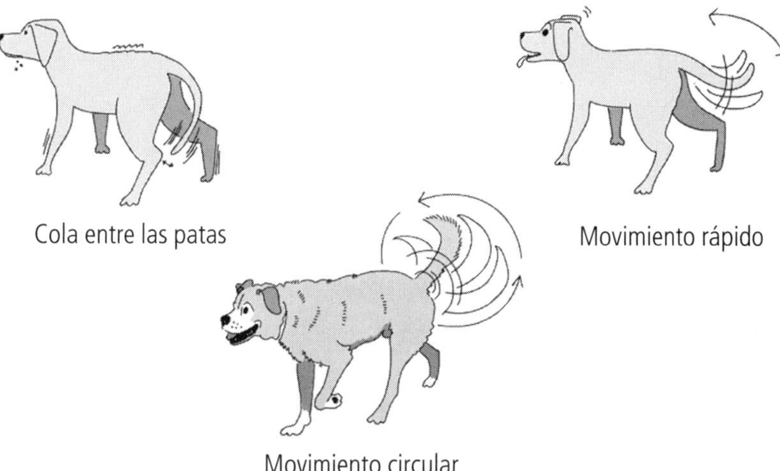

Esta parte del cuerpo es la que los humanos hemos simplificado más. La cola transmite muchísima información, podríamos escribir un libro entero sobre esta parte del cuerpo. La mayoría de los humanos se queda solo con el dicho popular de «cola en movimiento, perro feliz», pero el hecho de que mueva la cola puede transmitir mensajes tan opuestos como felicidad extrema o tensión máxima antes de un conflicto. Podremos distinguirlo según la tensión de la musculatura y las señales que dé con todo el cuerpo. Las señales básicas que dan con la cola son:

- **Cola entre las patas:** la esconde entre las patas, como si no tuviera.
- **Cola inmóvil:** parece que se le haya quedado congelada, pegada al cuerpo.
- **Movimiento circular:** hace el movimiento de la hélice de un helicóptero.
- **Movimiento lento:** la mueve despacio, como si estuviera ralentizado.
- **Movimiento rápido:** la mueve a muchísima velocidad.

Genitales

Olfatear un ano ajeno

En esta parte del cuerpo hemos incorporado lo que sale de ahí, es decir, el pipí, una fuente de información química importante. Además, lo usan mucho para comunicarse entre ellos.

- **Olfatear un ano ajeno:** es un gesto universal al hablar de los perros, siempre se olfatean el culo.
- **Lamer a otro:** lame los genitales de un compañero.
- **Orinar:** levanta la pata y mea. Puede ser solo unas gotas.

Ahora que ya tenemos un inventario de señales simplificado, vamos a clasificarlas según la intención que puede tener el perro cuando las utiliza. Seguimos el viaje…

CLASIFICACIÓN DE LAS SEÑALES CANINAS

Ahora sí, vamos a clasificar las señales de una forma divulgativa y simplificada. Para ello tuvo que ayudarme mi colega Dani Jiménez, de Anut Educación Canina. Tranqui, al final del libro te he dejado todas mis fuentes e inspiraciones caninas.

¡Vamos allá!

Señales de aproximación

En este apartado hemos agrupado las señales que suelen indicar que el perro tiene la intención de aproximarse a otro perro. Como te decía, es importante ver todo el conjunto y el contexto, o nuestra interpretación quedará muy incompleta.

¿Cómo se expresa?

OJOS	OREJAS	NARIZ (TRUFA)	BOCA	CABEZA
Mirada suave Ojos abiertos Subir cejas	Orejas atrás Orejas relajadas Orejas oblicuas	Olfatear suelo Ventear Abrir trufa Oler ano	Boca relajada Lamer belfos Lloriquear	Cuello arriba Girar cabeza Ladear

CUERPO	PATAS	COLA	GENITALES
Alineado (cabeza, columna, cola) Quieto (*freezing*) Tumbado del todo relajado Tumbado en modo acecho	Levantar pata delantera Rascar el suelo	Movimiento rápido Movimiento lento Cola inmóvil	Lamer a otro Orinar

¿Qué quiere comunicar?

Cómo será la interacción cuando se acerque a otro ser, ya sea perro, humano o de cualquier especie.

¿Qué quiere conseguir?

- **Evitar conflictos:** intenta decirle al otro que quiere acercarse y mantener una conversación con él.
- **Interactuar:** quiere acercarse, olfatear o iniciar una comunicación más física, como con el juego.
- **Jugar:** quiere jugar con el otro.

Señales de buen rollo

En este grupo se incluyen todas las señales que indican que pretende generar una buena interacción.

¿Cómo se expresa?

OJOS	OREJAS	NARIZ (TRUFA)	BOCA	CABEZA
Mirada suave Dilatación de pupilas	Orejas relajadas Orejas oblicuas Orejas subidas		Mordisquear Boca relajada Gruñido (de ganas de saludar, suave y cortado) Golpear con el morro Lamer belfos Lloriquear Levantar belfos Suspirar	Movimiento tipo látigo Ladear

CUERPO	PATAS	COLA	GENITALES
Saltar a la cara Saltar curvado Montar Echarse panza arriba Revolcarse Tumbarse en modo acecho Reverencia Erizarse (piloerección)	Saltar con las cuatro patas Dar con la pata	Movimiento circular Movimiento de lado derecho Movimiento rápido Cola inmóvil	Orinar

¿Qué quiere comunicar?

Tiene interés por la interacción.

¿Qué quiere conseguir?

- **Transmitir buen rollo:** saludar de forma cordial y afable.
- **Jugar:** es una petición de juego a su interlocutor.
- **Cortejar:** sus intenciones van más allá de ser amiguis…

Señales de tensión

Estas son las señales a las que debemos estar más atentos. No quiere decir que al hacerlas el perro esté agresivo, sino que son previas a un posible futuro conflicto.

Los perros, como veremos, antes de emitir señales peligrosas, emiten otras que informan y pretenden evitar el conflicto.

¿Cómo se expresa?

OJOS	OREJAS	NARIZ (TRUFA)	BOCA	CABEZA
Mirada firme Ojos de ballena/ media luna Pestañeo Ojos pequeños Dilatación pupilar	Orejas pegadas al lateral Orejas hacia delante	Abrir trufa	Morder de verdad Lengua entre dientes, lateral, extendida Levantar belfos Abrir y cerrar rápido Jadear	Cuello arriba Poner encima

CUERPO	PATAS	COLA	GENITALES
Alineado (cabeza, columna, cola) Montar Erizarse (piloerección)	Autorrascarse Rascar el suelo	Movimiento rápido Cola inmóvil Cola enroscada Movimiento de lado izquierdo	Orinar

¿Qué quiere comunicar?

Incomodidad y peligro.

¿Qué quiere conseguir?

Evitar o informar de un posible conflicto.

Señales de «dame espacio»

Con ellas quiere hacer saber que se siente invadido y que no está cómodo. Estas señales son muy importantes para respetar su ritmo, ya que nos informarán de que este no es el momento o el lugar.

¿Cómo se expresa?

OJOS	OREJAS	NARIZ (TRUFA)	BOCA	CABEZA
Mirada firme Pestañeo Ojos de ballena/ media luna Ojos pequeños Dilatación pupilas	Orejas atrás	Olfatear suelo	Ladrar con dientes fuera Gruñir (fuerte y seguido) Lamerse Bostezar Marcar al aire Levantar belfos Mordisquear objeto	Girar cabeza

CUERPO	PATAS	COLA	GENITALES
Quieto (*freezing*) Sacudirse Echarse panza arriba Dar espalda Sentarse de espaldas Reverencia		Cola inmóvil Entre las patas	Orinar

¿Qué quiere comunicar?

- Se siente invadido.
- Necesita más espacio.
- Quiere reducir la intensidad de la comunicación.

¿Qué quiere conseguir?

- Espacio por parte de su interlocutor.
- Una interacción más tranquila.

Señales tranquilizadoras

Aquí hemos agrupado aquellas con las que el perro indica que quiere tranquilizarse o que se tranquilice su interlocutor.

¿Cómo se expresa?

OJOS	OREJAS	NARIZ (TRUFA)	BOCA	CABEZA
Mirada suave Pestañeo	Orejas relajadas		Gruñir Lamerse Bostezar Levantar belfos Mordisquear objeto	Girar cabeza Poner encima

CUERPO	PATAS	COLA	GENITALES
Montar Sacudirse Revolcarse Dar espalda Reverencia Sentarse de espaldas	Levantar pata delantera Autorrascarse	Movimiento Cola inmóvil	Orinar Lamerse a sí mismo Lamer a otro

¿Qué quiere comunicar?

- Que no es un peligro, que va con buenas intenciones. Suele usarlas si percibe que su interlocutor necesita tranquilizarse cuando su presencia lo pone nervioso.

- Autorregularse, es decir, se autorrelaja. Son todas las que implican masticación.

¿Qué quiere conseguir?

- **Relajar el ambiente.**
- **Desbloquear la conversación.** Puede usarlas cuando el juego es cada vez más intenso, de manera que decide hacer una de estas señales para salir de la rueda en la que se ha metido.

NIVELES COMUNICATIVOS

Los perros van aumentando el nivel de sus señales si sienten que su interlocutor no lo está entendiendo. Es decir, si no está cómodo en una situación, puede girar la cabeza para comunicar lo que siente. Si su interlocutor no lo entiende, se pondrá tenso y sacará la lengua. Si sigue sin entenderlo, gruñirá; y si al final siente que su vida corre peligro porque no lo comprenden, marcará al aire, y así hasta llegar al ataque.

Algunos autores presentan estos niveles de comunicación como una escalera, y creo que es muy gráfico. Me parece fascinante la cantidad de registros con los que cuentan los perros para comunicar lo que quieren.

La dificultad aparece cuando su interlocutor —un humano, otro perro o un ser de otra especie— no entiende o no quiere respetar esas señales. Entonces aprende a usar directamente a la señal que mejor se entiende. De hecho, cuando un perro está en rehabilitación por haber atacado y empieza a dar señales, sin recurrir al mordisco, quiere decir que va por buen camino, pues ha vuelto a comunicarse de forma sutil.

A continuación te detallaré mi clasificación según lo que quiere conseguir el perro, y explicaré en cada nivel una situación real para que quede más gráfico.

Nivel 1. «Sé que me entiendes, no tengo que decirlo más claro»

El perro casi no se mueve ni se acerca a su interlocutor: realiza movimientos con los ojos, la cara y la boca o tensa la musculatura. Podríamos decir que son señales tranquilizadoras con un poco de tensión.

Voy a ponerte un ejemplo: imagina que un perro está descansando hecho una bola en una cama y una humana de su familia se acerca a saludarlo. Este tensa la musculatura y, quieto, gira los ojos y muestra una media luna. Como ya hemos visto, a esto se le llama «ojos de ballena».

La humana no se da cuenta de la señal del perro; solo quiere mostrarle su afecto, lo mucho que lo quiere. Entonces el perro se levanta y pasa al siguiente nivel.

Nivel 2. «Vaya, no has entendido mi señal; voy a probar con otras»

El perro comienza a mover rápido la cola y a lloriquear, acusa aún más la media luna ocular y arquea las cejas. Esta expresión suele confundirse con pena o culpabilidad, pero en realidad es una señal de «Porfa, para, déjame en paz». Aquí tendríamos las señales de tensión y alguna más de «dame espacio».

Entonces, la humana le pregunta con cariño: «¿Qué te pasa?». Quiere mostrarle su afecto, como ha hecho otras veces, así que se le ocurre hacerle una pedorreta en la pata. El perro se asusta, se levanta moviendo mucho la cola y decide pasar al siguiente nivel.

Nivel 3. «¿En serio, no te enteras? No quiero avisarte más...»

Ella le deja algo de espacio, pero en cuanto su amigo canino se tumba vuelve a la carga, esta vez sin hablar. El perro tira las orejas hacia atrás, pone ojos de ballena, sube las cejas, tensa la musculatura, mueve la cola muy rápido... Está preocupado. Así que decide ponerse panza arriba para decirle que va en son de paz, que lo deje, por favor, que no le está gustando.

Ella se lo toma como que quiere que le haga pedorretas en la barriga. Y él decide pasar al siguiente nivel.

Nivel 4. «Lo siento, ahora sí que te enterarás de que no me gusta»

En ese momento, él la marca con la boca abierta, sin cerrar ni apretar, solo dándole un pequeño toque. Cree que será suficiente para que ella entienda que se siente muy incómodo y que necesita que lo deje tranquilo. Aquí tenemos una señal de «dame espacio».

Ella, por fortuna, se lo toma a broma y se tumba en el suelo riéndose. El perro entonces vuelve al segundo nivel y empieza a lamerla y a mover la cola mientras le envía señales tranquilizadoras, ya que percibe que algo ha cambiado respecto al momento anterior.

La mayoría de los perros nunca superan este nivel, pero cuando lo hacen el resultado es terrible. El siguiente sería...

Nivel 5. «Siento que mi vida corre peligro, eres tú o yo, así que voy a contártelo con los dientes»

Aquí incluiríamos las agresiones con sangre y las heridas, a veces con un final fatídico tanto para el humano como para el perro. Esto no sucede de repente, sino que es el resultado de toda una vida sin respetarlo, sin cubrir sus necesidades, sin enseñarle habilidades sociales y habiendo hecho que piense que tiene que defenderse para salvar la vida.

Podríamos incluir tantos niveles como quisiéramos. Cada perro es único y usa sus propias señales. La velocidad con la que pase de un nivel a otro responde a lo respetado que se haya sentido.

Como recordarás, a Abel no le cae bien Domi. El primero suele utilizar el habla para comunicarse, es decir, el gruñido forma parte de su registro. Con sus otros hermanos no necesita usarlo porque todos entienden que si se lame la trufa, está indicando que no quiere que se acerquen a su cama. Como buen lord, necesita espacio. Pero con Domi recurre al gruñido para que se entere de la película —aunque en muchas ocasiones tengo que mediar entre ellos, ya que Domi es un poco duro de mollera—. Domi me recuerda a esos humanos que van dándote golpecitos en el brazo mientras te hablan y que por mucho que les digas que no te gusta, siguen y siguen... Lo hacen sin mala intención, pero les importa poco cómo te hace sentir. Domi sería uno de estos. No es consciente de su tamaño ni de su fuerza.

De toda esta historia quiero que te quedes con que los perros usan las señales para EVITAR los conflictos, y que entenderlos es vital si buscas una convivencia armoniosa.

¿Alguna vez te has planteado lo frustrante que debe de ser estar con alguien que no te entiende por mucho que te esfuerces? Como te decía, creo que el mejor regalo que podemos hacer a nuestros compañeros perros es comprenderlos cuando se comunican con nosotros.

¿Cómo podemos acompañar al perro para que no tenga que subir el nivel de las señales?

Los perros viven en el aquí y ahora. Las señales que te dan se refieren a lo que están viviendo en ese preciso momento. Si pones fin a lo que les produce malestar, las señales se interrumpirán. Con estas pequeñas propuestas, el perro no sentirá que necesita subir el nivel de sus señales.

- Respeta e intenta comprender las señales de tu compañero perro.
- Evita que haya malentendidos y conflictos en la convivencia.
- Media cuando sea necesario.

Esto hará que sienta que has comprendido sus señales y, además, nutrirá su confianza en ti.

INTERPRETACIÓN

Estoy convencida de que ya has asimilado la clasificación y has empezado a identificar las señales en tu perro. Pues ahora te toca interpretar qué está diciendo en una conversación.

Enseñar a interpretar su lenguaje mediante un texto escrito es un gran reto, pero lo haré en honor a Maite, la invidente y valerosa alumna que me ha acompañado en muchísimas aventuras junto a Kava, su compañera canina.

Para ello, voy a describir tres situaciones caninas con pelos y señales, y voy a hacer una interpretación de lo que los perros se están diciendo.

Espero que este apartado sea la semilla para que, a partir de ahora, observes y te animes a analizar las conversaciones caninas que os vayáis encontrando tu compañero perro y tú. Y que, además, dejes que se exprese libremente.

Para profundizar en diferentes situaciones, he seleccionado tres vídeos virales en los que se pueden observar algunos malentendidos frecuentes. La interpretación que se hace de ellos en las redes es errónea, homocentrista y, sobre todo, sensacionalista. Los he seleccionado para nutrir tu sentido crítico, de manera que cuando te llegue un vídeo viral, solo mires al perro o incluso le quites el sonido y te fijes únicamente en sus señales. Extrae tus propias conclusiones.

Situación 1. Los hermanos perros, ¿culpables?

Es un vídeo viral que corre por las redes desde hace muchos años. En él aparecen dos hermanos perros, el perro A y el perro B. No quiero hablar de razas ni de condiciones para ser más objetiva y no crearte una asociación.

Están sentados uno junto al otro. Su humano los está riñendo porque ha encontrado una zapatilla destrozada y, al mismo tiempo, los está grabando con el móvil. Reconozco que lo paso fatal cada vez que veo este vídeo. Empatizo tanto con ellos que traspasaría la pantalla.

Las señales

Vamos a analizar las señales que quizá nos han pasado inadvertidas.

Perro A

En los primeros segundos, cuando el humano pregunta «¿Quién fue?», empieza a pestañear despacio y a echar las orejas hacia atrás. Al enseñarle la plantilla destrozada, se queda paralizado y gira los ojos hacia un lado, dejando ver la media luna (poniendo ojos de ballena).

La segunda vez que el humano les enseña la zapatilla y les pregunta en un tono más alto «¿Quién hizo esto?», gira la cabeza a un lado y sigue con las orejas hacia atrás y el resto del cuerpo paralizado. Mientras tanto, su hermano muestra muchas más señales que ahora analizaremos.

En ese momento, el humano se dirige al perro B y él pasa a un segundo plano, con lo que vuelve a mirar al frente. Al final del vídeo, el humano le acerca la cámara y lo acusa de ser cómplice. El perro lo mira, sigue pestañeando suavemente, sube las cejas y mantiene la boca cerrada. El resto del cuerpo continúa paralizado.

Perro B

En el primer fotograma, incluso antes de accionar el vídeo, ya se le ve con la cabeza girada, mirando hacia abajo con los ojos casi cerrados, las orejas hacia atrás y sentado de lado.

Cuando el humano pregunta «¿Quién fue?», tuerce más la cabeza y gira los ojos hacia el lado contrario. Al enseñarle la zapatilla se hace una bola, agacha más la cabeza, frunce el ceño, echa las orejas aún más hacia atrás y empieza a olfatear.

Hay un momento en que el humano tira la zapatilla al suelo y le grita: «¡Mira cómo me dejaste la zapatilla!». Entonces, el perro se sitúa de lado, hacia su hermano. Al hacer esas señales, el humano entiende que el culpable del destrozo es el perro B, así que se encara directamente con él y le acerca más la cámara.

Al dirigirse a él como «Señor», el perro B no puede hacerse más pequeño. Se queda mirando a la pared, con las orejas pegadas al costado, inmóvil.

El humano sigue insistiendo: le acerca la zapatilla y le explica por qué está tan enfadado. Se puede apreciar que, en función de si se acerca o no con la cámara, el perro mira o no hacia él.

Mi interpretación

Digo que es la mía porque ninguno de los dos perros me ha llamado para explicarme lo que estaban sintiendo y comunicando cuando los filmaron.

Estos dos perros lo están pasando mal, están asustados y no confían en el humano. Al menos en ese momento.

Hace años, cuando estaba aprendiendo sobre esta apasionante profesión y era más ignorante que ahora, utilicé un collar eléctrico con mi querido Bongo. Su cara se parecía a la del perro B. Ese mismo día me prometí que JAMÁS ningún compañero de vida canino, humano o gallina volvería a mirarme de esa manera.

Todas las señales que emiten ambos perros son tranquilizadoras e indican «dame espacio». No sienten vergüenza o culpabilidad, sino miedo, e intentan comunicar a su humano que no quieren conflicto. De hecho, no saben ni por qué se ha puesto así. No lo asocian con que ellos, hacía unas horas, habían mordido esa zapatilla. Pueden llegar a relacionar que cuando aparece una zapatilla mordida y está su humano pasan cosas desagradables, como sucede cuando hacen pipí donde no deben, pero no que sea porque ellos se lo pasaron bomba mordiendo la zapatilla hace tiempo.

Los perros muerden los zapatos por varios motivos:

- Están a su alcance.
- Se aburren y muerden cosas.
- Tienen tanta energía que necesitan sacarla y, como hemos visto, masticar es una muy buena solución.

Como ves, en un vídeo de un minuto podemos analizar a grandes rasgos lo que está sintiendo el perro. Los de este caso son unos benditos. Podrían haber avisado de que no estaban cómodos de una forma más brusca y peligrosa, pero lo hicieron de manera pacífica y evitaron el conflicto a toda costa, aunque el humano lo buscara.

Los perros muestran lo que sienten en cada momento sin rencor y sin pensar en el futuro. Ejercen la atención plena todos los días e instantes de su vida, otra de sus maravillosas características.

Tu aprendizaje piracán

- Desarrolla tu sentido crítico y forja tu opinión sobre lo que siente el perro.
- Analiza cada señal y el contexto para extraer tu propia interpretación.
- Cuanto más nutras tu capacidad de observación, más señales apreciarás.
- Haz más caso a lo que te dice tu entraña que a lo que te dice tu mente analítica.
- Si el perro te manda señales para que le des espacio, dáselo.

Situación 2. Un reportero es atacado por un perro

No sabes lo que me cuesta ver este tipo de vídeos y exponerme al interpretarlos en un libro que quedará para la posteridad. Sin embargo, pienso en todos los perros que serán entendidos gracias a esta descripción y eso me anima.

En el vídeo en cuestión aparece un perro sentado entre el humano guía y el reportero.

Las señales

En el primer fotograma, el periodista está sentado hacia el perro, mirándolo a los ojos, y le toca el lomo.

Al otro lado está el humano guía sentado sobre las rodillas. También mira al perro mientras coge la correa, que está unida al collar (de ahogo, por cierto). En ese instante, el perro tiene las orejas hacia atrás y la cabeza hacia arriba.

Segundos después, el perro se relame, pone ojos de ballena, tensa la musculatura y mantiene las orejas echadas hacia atrás. El reportero sigue mirándolo y le toca la cabeza por arriba.

Mientras este lo acaricia, el perro se relame varias veces, gira la cabeza y mira al humano guía. El periodista no cambia su postura hasta que pasa algo que sirve como detonante.

El reportero le da unos toques en la cabeza y se levanta. Al hacerlo, se acerca aún más a la cara del perro y, en ese instante, este se lanza con la boca abierta enseñando los dientes.

En ese momento, el humano guía tira bruscamente de la correa y nos damos cuenta de que el collar es de ahogo. El perro se agazapa y se queda como chafado contra el suelo.

Mi interpretación

Se podría haber evitado este mal trago para el reportero y el humano guía dejando espacio al perro y exponiéndolo menos tiempo. Y llegando a ese momento en calma, ya que desde el inicio se le ve en alerta e incluso alterado. Eso sería cambiar el tipo de vida que lleva.

Desconozco el desenlace, pero me atrevo a decir que el perro salió mal parado. Expresémoslo como si fuera una fórmula:

Perro enseñando los dientes + grabado + en televisión
= mal final para el perro

Dejar espacio es fundamental cuando no conocemos al perro, puesto que siempre han de ser ellos los que decidan cómo quieren ponerse. Además, en las ocasiones en las que hay reporteros y televisión, los humanos tendemos a despistarnos respecto a lo que está pasando, pues nos preocupamos de la toma y de lo que estamos diciendo.

En este caso, el perro muestra señales de incomodidad y tensión durante todo el vídeo, desde el inicio. Quizá pienses que ese perro no era sociable, pero no tiene por qué ser así. Sin darnos cuenta exponemos a los perros a situaciones muy retadoras y nada respetuosas con ellos. Debemos saber que un perro, si se siente amenazado o cree que su vida corre peligro, puede actuar de esta manera.

El hecho de que abra tanto la boca y saque los dientes indica que su intención no es morder, sino avisar para que le den espacio. Además, el reportero es un desconocido. Cuando hay confianza, los perros son más permisivos que cuando no la hay.

Ignoramos las condiciones en las que estaba el perro ese día. Quizá había pasado muchas horas realizando una actividad o, al contrario, no había salido hasta ese momento. Todo son conjeturas, ya que el vídeo dura apenas treinta segundos.

Tu aprendizaje piracán

Hay cientos de vídeos de este tipo de situaciones corriendo por las redes sociales. Varios reporteros, creadores de contenido y presentadores han acabado con una mordida, muchas veces en la cara, al grabar este tipo de imágenes.

Aunque esta situación se puede dar cada vez que invadimos el espacio de un perro sin su consentimiento, no hace falta grabarla. De ella podemos aprender:

- Respeta el espacio del perro desconocido y deja que decida ir a saludarte.
- Si vas a tener contacto con él, acarícialo por la zona lateral mientras dejas tu cuerpo en su lugar, invadiéndolo lo menos posible.
- Deja de tocarlo unos segundos, y si el perro decide buscar tu contacto, acepta el regalo de tocarlo. Espero que lo veas así: que otro ser deje que entres en su espacio es un regalo.

Al final se trata de observar qué quiere el perro y respetarlo, algo muy sencillo y difícil a la vez.

Situación 3. Un perro reconoce a su humano después de pasar mucho tiempo separados

Quería acabar este apartado con el vídeo de un perro que estuviera pasándoselo bien, pues los humanos también podemos ejercer en los perros efectos muy positivos. Es cierto que nos hace falta más entendimiento y respeto, y de ahí gran parte de mi divulgación, pero los seres humanos también estamos llenos de amor del bueno.

Voy a analizar e interpretar el vídeo de un perro que hace meses que no ve a su humano. Este ha estado un tiempo fuera y vuelve a casa.

Las señales

El perro sale de casa balanceando todo el cuerpo, como si se fuera a desmontar. Su musculatura está totalmente laxa y echa las orejas hacia atrás. Mueve la cola de lado a lado y en círculos. Se acerca saltando, incluso en alguna ocasión deja las cuatro patas al aire. Emite lloros y ladridos mientras se tira en plancha hacia su humano.

Cuando llega al humano se tira al suelo, se revuelca, vuelve a ponerse de pie, corre en círculos y se lanza encima del humano. Salta, llora y se vuelve a tirar hacia el humano.

El humano está sentado en el suelo, lo acaricia cuando se le acerca, pero sin retenerlo, deja que se vaya y vuelva cuando quiera.

Mi interpretación

El perro se siente supercontento porque su humano ha vuelto a casa, y así lo expresa. Podríamos decir que está sobreexcitado. Aunque la situación lo merece, porque lleva meses sin ver a parte de su familia.

El perro tiene espacio para mostrar su alegría; además está «desnudo», es decir, lleva arnés pero no collar, cosa que facilita que pueda expresarse sin restricciones.

El humano se agacha hasta el suelo, de modo que el perro lo ve a su altura y le cuesta menos interactuar con él. Además, deja que su compañero canino se acerque y se aleje cuando quiera.

En este caso, veo una interacción sana y buena de dos miembros de la misma familia que se alegran de volver a verse. Estoy segura de que el perro, al cabo de unos minutos, regresará a la calma y dejará de estar sobreexcitado.

Tu aprendizaje piracán

Los perros tienen la maravillosa habilidad de alegrarse infinitamente cuando vuelven a verte, aunque unos sean más expresivos que otros. Si hace mucho que no te ven, la fiesta será más intensa, a pesar de que algunos te la harán igual si te vas diez minutos. Me encanta esta reacción, y no pretendo rebajarla o inhibirla.

La dificultad aparece cuando no dura solo unos minutos, sino que el perro se queda así horas y no logra volver a la calma. En este caso sería buena idea que lo acompañaras para que el saludo no se convierta en algo poco beneficioso para él. Pero, si no es así, disfruta de la alegría del reencuentro. ¿Qué debes tener en cuenta?

- Disfrutad de la alegría del reencuentro. Esto no quiere decir que tengas que permitir que te haga daño con sus saltos desmedidos. Enséñale a hacerlo sin herirte.
- Cuando sepas que va a ocurrir —sobre todo si convives con más de un perro—, entra por un lugar en que haya espacio para que el perro pueda expresar su alegría.
- Si sabes que vendrá a saludarte más de un perro, vigila que no haya malentendidos entre ellos durante esos momentos de sobreexcitación.
- Tranquilo, que tu perro te salude con alegría no quiere decir que tenga una relación dependiente o poco sana contigo.
- Salúdalo cuando él lo haga. Si lo ignoras, os frustraréis y romperéis parte de vuestra unión.

Podría comentar cientos de vídeos, pero ahora te toca a ti. Te propongo que visualices el primero que te llegue en el que haya un perro implicado. Después de verlo, analízalo e interprétalo. En mis sesiones de información doy mucha importancia a comentar la realidad. De hecho, me encanta poner voces a los perros para que se entienda qué están expresando. Ahora que lo pienso, todo lo que creo es para dar voz a los perros y que se les entienda y respete más y mejor.

OTRAS FORMAS DE COMUNICACIÓN

La comunicación se da en todo momento. A continuación te explicaré las particularidades de los tipos de comunicación más frecuentes: con la correa, a distancia y a través del tacto.

Comunicación con la correa (paseo)

Para mí, el paseo con correa es una conversación que mantenemos el humano y el perro. Cuando lo hacemos, se transmite muchísima información. ¿Qué debes tener en cuenta?

- En esos momentos eres una fuente de información fiable, es decir, lo que le digas al perro influirá en cómo perciba el mundo. Si veis a otro perro durante el paseo y le das un tirón de correa, le estarás diciendo que tenga cuidado e incluso le harás vivir una mala experiencia en presencia del otro can.
- Es importante que el material de paseo le ofrezca la máxima libertad para que pueda decidir el ritmo y el espacio que necesita para interactuar con el mundo. Además, ese material no

debe enviarle una información negativa. Es decir, cuando paseáis con el collar unido a la correa, por mucho que el perro sepa caminar con ella, es inevitable que en algún momento quiera acercarse con intensidad a un árbol o a un perro y el collar le presione en el cuello. Esto provoca que la experiencia no sea placentera, y eso no favorece el aprendizaje.

- Tu acompañamiento es esencial durante el paseo. Lo ideal sería que fueras casa para él a la par que mantuvieras un papel neutral. Es decir, que estés ahí por si te necesita, atento a mediar si es preciso, pero al mismo tiempo es importante que no añadas información con tirones de correa, hablando demasiado o usando un tono de voz que incite al nerviosismo.

Cuando paseo con mis perros unidos a la correa, mi propósito es ser un acompañante tranquilo y disfrutón que apoya cuando es necesario pero no se mete en sus conversaciones ni en su exploración. Y cuando hace falta propongo rutas.

Comunicación a distancia (llamada)

Cuando soltamos al perro, no solo debe haber mucha confianza por ambas partes, sino que es importante que exista una comunicación a distancia para que, cuando sea necesario, podamos llamarlo y él quiera volver junto a nosotros.

De la parte práctica hablaremos más adelante, pero ahora quiero que entiendas que en ese momento también mantienes una conversación con el perro, en este caso a distancia. Y recuerda que todo lo que le digas a tu compañero perro formará parte de la conversación. ¿Qué debes tener en cuenta?

- Olvida el chantaje en la relación con tu perro, pero sobre todo en este tipo de conversaciones. Cada vez que usas un premio para llamar a tu perro y luego lo atas o lo riñes, estás perdiendo su confianza, la base de vuestra relación y de la comunicación a distancia.

- Con tu tono de voz o tu forma de caminar le estás transmitiendo mucha información. Si lo sueltas tenso y sin confianza, eso emitirás por cada poro de tu piel, y tu compañero perro lo olerá.

AVISO A NAVEGANTES: Antes de dejar libre a tu compañero perro asegúrate de que confiáis el uno en el otro y que estáis en un lugar seguro. Sé siempre responsable.

Comunicación a través del contacto

Este tipo de conversaciones se dan a través del contacto físico. En el día a día te encontrarás con muchísimos momentos en que mantendrás charlas con tu compañero perro. Voy a enumerar algunas situaciones frecuentes de interacción con los perros:

- **Caricias.** En esta categoría entrarían tanto las caricias que recibe de su familia como las que le ofrecen los desconocidos. Cuanto más mono y pequeño sea, menos se respetará su espacio. Como ya he dicho, para mí que un perro me deje entrar en su espacio es un regalo y, como todos los regalos, lo acepto con agradecimiento y lo tomo solo cuando me lo quiere dar.
- **Ponerle algo en el cuerpo (arnés, abrigo...).** La conversación suele darse al ponerle el arnés. En general, desde pequeño, se lo hemos puesto sin dejar que él decida llevarlo, de manera que

muchos perros lo ven como algo negativo. Te propongo que, poco a poco, dejes que él meta la cabeza en el arnés.

Lo mismo sucede con todo lo relacionado con ponerle algo en el cuerpo. Es importante que dediques tiempo a acompañarlo en el proceso.

- **Cono de la vergüenza.** Me refiero al cono que le ponen cuando ha sufrido un accidente. Suele ser de plástico duro, aunque ya existen una especie de flotadores para cuello, parecidos a los de los aviones, que se usan para que no pueda rascarse o lamerse la herida. Presta atención a este artilugio y ayúdalo a que se acostumbre a él, además de acompañarlo cuando lo lleve. Pero si salís a explorar, muchas veces no tiene sentido que lo lleve.

- **Momento baño.** Diría MOMENTAZO, tanto al bañarlo en familia como al llevarlo a la peluquería canina. Creo que es importante que el perro esté cómodo y se sienta seguro. Piensa que no es un trámite, como quien lleva el coche al lavadero.

  El baño tiene que ser un momento de disfrute y confianza, así que respetar su ritmo y dejar que lo pase bien es clave para que lo viva como una buena experiencia. Para conseguirlo podemos acostumbrarlo desde cachorro al agua, al secado con toalla y al ruido del secador.

  Cada vez más profesionales ponen el bienestar del perro en el centro, así que te recomiendo que busques un lugar donde así sea. Si quieres bañarlo tú, tómate el tiempo necesario para acompañarlo con cariño y paciencia.

  Domi, cuando llegó a casa, no quería saber nada del secador, la toalla o el agua. Sin prisas ni objetivos, fui positivizando cada elemento: ponía comida en la bañera, pegaba un juguete a la pared y, mientras estaba secando a uno de sus hermanos o a mí misma, iba tirando premios al suelo. Lo más importante era dejar que él los cogiera a su ritmo, pero solo si quería. Ahora que han pasado unos años, cuando cojo el secador viene a que lo seque. Para mí, esto es lo ideal: que ellos quieran mantener el contacto contigo.

- **Masajes caninos.** Me fascina aprender sobre masajes para aplicarlos a mis compañeros perros y a mis alumnos caninos. Como habrás visto, el contacto es una necesidad para ellos. Los masajes bien hechos tienen muchísimos beneficios: el perro disfruta y mejoran su circulación y relajación. Por otra parte, un ventaja indirecta es que os conoceréis más y compartiréis un momento de conexión.

- **Estiramientos.** Los estiramientos caninos solo los pueden dirigir los humanos que se hayan formado en el tema y sepan acompañar a los perros para que disfruten de ellos. Me refiero a los estiramientos sencillos, no como los haría un fisioterapeuta, ya que es preciso cuidar de sus articulaciones y su musculatura. Por ejemplo, para estirar el hombro, lo ideal sería que el perro estuviera tumbado en el suelo para que no hiciera fuerza con el resto del cuerpo, aunque en muchas ocasiones es difícil que el perro esté cómodo en esa posición, con lo que podemos hacerlo mientras está con las cuatro patas en el suelo. Identifica el hombro de tu perro, pon la mano en esa articulación. Estira a favor del movimiento y en línea recta. Ten en cuenta que cada perro tiene una flexibilidad, como nosotros, y estira solo lo que al perro le resulte cómodo. Permanece unos segundos en esa posición.

- **Quitar un pincho.** Cuando somos aventureros caninos, raro es el día que el perro no se clava un pincho en una pata o viene con helechos colgando de la cola. Es importante prestar atención a lo que estamos haciendo para que el perro lo viva como algo cotidiano y cómodo. Incluso iría más allá: debe llegar el momento en que te busque para que le soluciones esa incomodidad, pero no porque dependa de ti, sino porque confía en tus manos.

- **Curar heridas.** Esto es más que un pincho… Cuando un perro tiene que pasar por cirugía o por algo más serio, quizá sienta dolor, incomodidad y miedo. Tenlo en cuenta para que note que le das espacio y te vea como fuente de bienestar, no de más incomodidad.

  Aprender primeros auxilios caninos es una buena manera de hacerlo de una forma más tranquila y eficiente.

- **Bloquearlo en situaciones críticas.** A veces, en el mundo perruno se mezclan conceptos y se crean técnicas para facilitarle la vida al profesional. Una de ellas, que no comparto, es la del bloqueo. Según cuenta la leyenda, se basa en que los perros están más tranquilos cuando notan presión en el cuerpo, pero esta técnica consiste en bloquearlo en situaciones críticas para él, como cuando aparece otro perro o cuando se asusta.

  En mi opinión, lo que hacemos con esta práctica es retener al perro y no dejarlo huir de la situación, con lo que estamos practicando la técnica de la inundación. Ya hablamos de ello en la primera isla y, como comentábamos, era eso de «Si no quieres caldo, toma dos tazas».

  Creo más en acompañar al perro a su ritmo. Y sí, en un momento concreto, podemos acariciar a nuestro perro para darle apoyo si lo necesita. Al contrario de lo que se piensa, las emociones no se refuerzan, y que toques a tu perro cuando lo está pasando mal no hará que se asuste más, sino que conseguirás que entienda que estás allí para acompañarlo y que eres casa para él en cualquier lugar.

  Abel es un fan del contacto cuando lo sobrepasa la presencia de otro perro o algún sonido. Así que, cuando ocurre, lo toco, que es algo muy distinto a bloquearlo físicamente para que tenga que enfrentarse a lo que lo asusta.

¿Qué debes tener en cuenta?

- Deja que el perro te permita entrar en su espacio.
- Presta atención a cómo lo tocas: el ritmo, la intensidad, cómo estás colocado, sin dejar de comprobar si se siente cómodo con esa interacción.
- Observa cuántas interacciones realizas con tu perro a lo largo del día y revisa si en todas se siente cómodo. Por ejemplo, ponerles el arnés es una situación que muchos perros viven con incomodidad.

SEÑALES MALINTERPRETADAS EN LA COMUNICACIÓN CANINA

Hay determinadas señales que tienen distintas interpretaciones y que popularmente han tomado un significado concreto. Esto provoca que en muchas ocasiones se malinterpreten, lo que genera dificultades en la convivencia.

Mover la cola

Se cree que el perro mueve la cola porque está contento. A veces, así es. Pero si quieres saber si realmente está feliz, fíjate tanto en su cuerpo como en el contexto. Un movimiento de cola rápido acompañado de musculatura tensa, cabeza rígida y mirada fija puede ser más una señal de tensión que de aproximación o buen rollo.

Así que no siempre que el perro mueva la cola querrá decir que está contento. Tendrás que observar más detenidamente y valorar tanto las otras señales como el contexto.

Bostezar

Se cree que el perro bosteza porque está aburrido o tiene sueño. Es cierto que puede hacerlo cuando acaba de levantarse de la siesta, aunque si se da en un contexto que nada tiene que ver con irse a dormir —por ejemplo, en el veterinario—, su significado será muy distinto. El bostezo es también una muestra de estrés, una señal tranquilizadora para relajarse o, si se da en un momento de interacción, quizá signifique «dame espacio». Estas es una de las señales peor interpretadas del registro canino.

Lamerse el hocico

Puedes pensar que el perro acaba de comer algo, está recogiendo información del ambiente o tiene hambre. Y a lo mejor así es, dependerá del contexto. Sin embargo, si el perro se lame el hocico cuando está interactuando con otro individuo perro o humano, seguramente lo que quiere transmitir es que no se siente cómodo y que necesita espacio.

Una vez más, analiza el contexto e interpreta toda la información disponible.

Dar besos a lametones

Para los humanos, besarnos es una muestra de afecto, y solo lo hacemos con quien tenemos cierta confianza. Los perros también pueden mostrar cariño a través de lametones, aunque a veces nos dicen más bien que paremos de hacer algo. Tal y como vimos al hablar de la comunicación por contacto, cuando tocamos al perro en zonas en las que puede sentir dolor o incomodidad, nos chupará para decirnos que paremos, que le demos espacio.

Esta es una información muy valiosa, ya que nos está ofreciendo la hoja de ruta de qué es lo que le gusta o no en ese instante.

Levantar la pata delantera

Hemos asumido que levantar la pata delantera significa que quiere jugar o saludarnos. En ocasiones así será, pero si lo hace cuando alguien está saludándolo y sienta que invade su espacio, querrá decir que necesita estar solo.

Dejamos a Abel debatiendo diplomáticamente acerca del mejor lugar para descansar en verano, mientras noto que empiezas a ver el mundo con las gafas del entendimiento canino. A partir de ahora, cuando observes la interacción de un perro con el mundo sabrás ver más allá. Apreciarás cada una de las señales que te ofrecen los perros como un regalo para vuestra convivencia. Respetarlas y ser consecuente os ayudará a entenderos y a crear una relación sana y bonita.

¡Seguimos el viaje!

Isla 3

ConVIVIR

¡Qué importante es compartir tiempo y diversión con nuestros compañeros perros! Y todo lo que hemos aprendido hasta ahora favorecerá una convivencia armoniosa. Escribo VIVIR en mayúsculas para que no se nos olvide que a eso hemos venido, sin más. Vivimos en un momento en el que todo ha de ofrecer un retorno, debe tener un objetivo, y esto hace que pongamos el foco en lo menos importante.

Domi nos espera en esta isla para acompañarnos por sus islotes. Es un gran maestro que nos enseñará a disfrutar.

(Si fuera humano, Domi tendría un tono de voz un poco agudo que le daría un aspecto muy inocentón. Una voz un poco infantil cuando sus hermanos le piden que pare de ser tan intenso y motivada cuando se emociona porque alguien llega a casa).

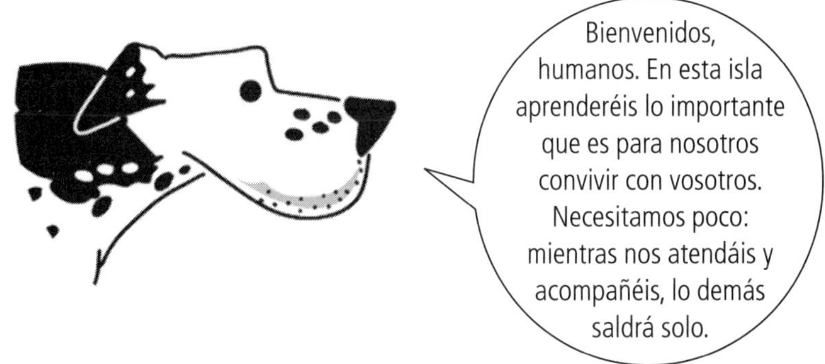

El objetivo de todo equipo piracán-explorador canino es conVIVIR en armonía, es decir, en paz, tranquilos, confiando el uno en el otro y viviendo juntos aventuras de todo tipo, siempre y cuando se respete a todos los miembros del grupo.

Ahora bien, cada equipo perro-humano mantiene su propia conexión. Si convives con más de un piracán, sabrás que con cada uno mantienes una relación diferente. Cada uno muestra el cariño, aprende y se expresa a su manera, por eso es importante que no comparemos las relaciones que mantenemos con los distintos miembros de la familia. Queremos acompañarlos a todos con la misma intensidad, pero no es posible. Cada uno tiene su carácter, su mochila emocional y su manera de relacionarse, con lo que desempeña un rol diferente en la familia. Es importante darle su espacio y respetar su comportamiento individual.

Cuando el perro convive con más de un humano es frecuente que mantenga una relación concreta con cada uno de nosotros. Los perros asignan un papel a cada miembro de la familia: el humano que se ocupe de nutrir la confianza mutua y la buena comunicación tendrá la mejor conexión con él; y al que rompa esta confianza y pase de comunicarse y respetarlo le costará más relacionarse con él.

A estas alturas del libro ya te habrás dado cuenta de que esto no tiene nada que ver con quién lo alimenta. Está claro que a la mayoría de los perros les encanta zampar, y asociar al humano con comida es algo bueno. Pero si en el día a día ese humano supera los límites de la confianza e invade su espacio continuamente, esto pesará más que toda la comida del mundo.

La relación con tu compañero perro no se mide por las señales que este conozca, por lo mucho que te obedezca o por lo bien que se porte según las normas sociales. La relación será armoniosa y sana cuando haya confianza y comunicación, y estas surgen al convivir y conoceros, sin más ingredientes. Cuanto más nutramos estas dos partes, mejor será nuestra relación.

A lo largo de estas páginas quiero compartir contigo mi manera de conVIVIR y las bases para que la confianza y la comunicación sean las mejores para vosotros. Este matiz es importante: **para vosotros**. ¿Quién establece que mantenéis una buena convivencia? Vosotros. Sé que resulta difícil cuando el entorno apoya otra forma de hacer.

Tu entraña te marcará el rumbo que debes seguir.

LA BASE DE LA CONVIVENCIA: LA CONFIANZA

Los perros necesitan ser respetados y acompañados a su ritmo. ¡Qué frase más sencilla y difícil de poner en práctica!

En el centro de la relación con tu compañero perro están las confianzas. ¿Por qué lo digo en plural? Porque, para mí, hay diferentes tipos de confianza: en sí mismo, en ti, en el medio y la confianza que tú tienes en ti.

Sé que cuesta esto de pensar en el origen y no en lo que nos preocupa. Es decir, si mi perro ladra a otros perros, lo que pienso es que tengo que ocuparme de ello y me olvido de que lo que realmente hará que se sienta cómodo con ellos será el hecho de nutrir las confianzas. Considero que esto es la base para enfrentarse al mundo.

Su confianza en sí mismo

Este punto hace referencia a la autoestima canina, es decir, a la confianza que tiene el perro en sí mismo, que se nutre superando retos a diario. Cuanto más capaz se sienta de alcanzarlos, más seguridad adquirirá. Esta confianza se traduce en un perro tranquilo y seguro, algo esencial para superar miedos. ¿Cómo puedes nutrir la confianza que tiene en sí mismo?

- Haz que realice **ejercicios de conciencia corporal**, es decir, circuitos naturales o propuestos que hagan que tenga que ser consciente de dónde pone cada pata. Superar estos obstáculos hará que, poco a poco, se sienta más seguro, y esto lo ayudará en su día a día.
- Hazle vivir **aventuras ajustadas** a él. A lo largo del viaje ya hemos hablado de este tema en varias ocasiones. Como ves, vivir aventuras lo beneficia en muchos aspectos de su vida, y no me refiero solo a ir a lugares nuevos, sino a conocer a otros perros, humanos, olores, texturas... En este caso, enfrentarse a situaciones nuevas lo ayuda a coger confianza siempre y cuando dichas situaciones estén ajustadas a él, pues en caso contrario se la harán perder.
- Ayúdalo a **aprender**. Ya hemos visto cómo aprenden los perros y el abanico de posibilidades que tienes delante de ti. Los ejercicios prácticos son una buena forma de aprender juntos. Una vez más, no importa tanto el qué sino el cómo. Aprender juntos os ayudará a conoceros y nutrirá dos confianzas: en sí mismo y en ti.

Su confianza en ti, su familia humana

Esta confianza se nutre cuando convivimos, no solo cuando vamos de paseo o va suelto. ¿Cómo puedes nutrir la confianza que tiene en ti?

- **Respeta su espacio y tiempo.** Lo sé, lo he repetido muchas veces, pero la convivencia con tu perro solo será armoniosa si haces esto.

- **Respeta tu espacio y tiempo.** Formáis un equipo, así que es importante que defiendas tu ritmo y tu espacio en la ecuación. Si te tienes en cuenta, la convivencia será buena para todos, y esto es lo importante.
- **ConVIVE.** Pasar tiempo juntos es lo que más nutre. A veces pensamos que necesitamos hacer, cuando estar es suficiente. Préstale atención plena y disfrutad de la compañía.

Su confianza en el medio

Me refiero a lo seguro que se sienta allí donde esté. Y esto, como vimos, va acompañado de socializar con aquello que se va a encontrar. ¿Cómo puedes nutrir la confianza en el medio?

- **Ayúdalo a socializar** tal como lo necesite.
- Acompáñalo para que **disfrute en los distintos lugares** donde luego hará vida.
- Fomenta que **guarde las buenas experiencias** de esos lugares.

Tu confianza en ti

Me refiero a la autoconfianza, esa que te permite actuar a tu manera, tomando en cuenta las opiniones de tu entorno, pero haciendo lo que te sale de la entraña. Esta confianza es una de las más importantes, ya que hará que seas mejor guía para tu perro y, sobre todo, que vivas en paz y feliz.

Si estás leyendo este libro es porque no piensas como todos los demás, y eso a veces viene acompañado de soledad y juicio externo.

Así que, cuanto más tranquilo y convencido estés de lo que haces y de cómo lo haces, más fácil te será conVIVIR con tu perro como quieras.

¿Cómo nutro mi confianza?

Estas son mis propuestas como amigui y exploradora canina veterana. Por supuesto, apoyarte en un buen profesional de la salud es la mejor opción si necesitas algo más que los consejos de una eterna aprendiz como yo.

- **Autoconocimiento.** Conocerte es el primer paso. ¿Qué TE nutre? A cada uno nos llenan cosas diferentes, de modo que es clave identificarlas y hacerlas más a menudo. A mí me llena correr con mis perros por el monte, si llueve, mejor; ver pelis de amor navideñas, aunque sea agosto; hablar durante horas con mis amigas; jugar con la miniexploradora y los piracanes... Buff, eso me llena el triple... Y a ti, ¿qué te llena?
- **Derribar muros.** Los muros los construimos con creencias que nos acompañan desde nuestra más tierna infancia. Te invito a que los descubras y los vayas derribando poco a poco. Eres un explorador inconformista, de modo que siempre te alejarás de la ruta, cuestionándote continuamente y haciendo las cosas de forma alternativa.
- **Energía para ti.** Todo el mundo habla del «tiempo para ti» como si fuera algo estanco, donde un compartimento no pudiera tocarse con otro: este tiempo para los perros, este para la peque, este para mi pareja... Es un sistema que no me funciona. Me encanta mezclarlo todo, y no creo tanto en el «poner el tiempo» como en «poner la energía». Considero que puede haber autocuidado cuando estás con los perros. De hecho,

decimos que nosotros acompañamos, pero ¿y lo que nos dan ellos por estar en nuestras vidas?

- **Soltar**, la reina del autocuidado. Soltar la culpa, la exigencia... y abrazar la frustración cuando venga, el «así está bien». En definitiva, abrazar la vida tal y como es, y sentir que está bien así. Por mi parte, siempre estoy reformulando y volviendo al origen, y me apoyo en profesionales que me acompañan cuando irrumpe la tormenta.
- **Poner a tu familia canina humana en el centro de vuestra vida.** Vuestra manera es la mejor para vosotros. De hecho, no es una competición ni hay un bien o un mal. Hay tantas maneras de vivir como familias. Disfrutad y cread la vuestra.

Esta confianza invade todo lo demás. Cuando nutres las confianzas, se refleja en todas las facetas de la vida de un perro. ¡Es casi mágico! Mi manera de solucionar las dificultades en la convivencia consiste en cubrir las necesidades y nutrir las confianzas. Así todo se pone en su lugar, y cuando el perro se siente bien, todo fluye. Aunque eso no quita que sea necesario ocuparse del tema que nos preocupa. En esta isla abordaremos cómo gestionar algunas de las dificultades más habituales que pueden surgir en la convivencia.

LOS PRIMEROS DÍAS DE ACOMPAÑAMIENTO Y ADAPTACIÓN DEL PERRO EN UN MUNDO DE HUMANOS

Voy a ser honesta: incorporar a un nuevo miembro a la familia, sea de la especie que sea, es retador. Mucho. Modifica los hábitos familiares, los tiempos y el espacio, y multiplica nuestra ocupación. Me centraré en las tres situaciones más frecuentes.

El cachorro

Compartir la vida con un cachorro, sea de la especie que sea, es retador a nivel extremo, ya que requiere una dedicación casi exclusiva. Como ya hemos comentado, lo ideal sería que el cachorro canino llegara a nuestro hogar con un mínimo de ocho semanas. En cuanto llegue a tu casa, serás tú quien se ocupe de seguir acompañándolo. Cuando llegue:

- **Ajusta el lugar a su nivel de intensidad exploradora.** Esconde todo lo mordible y apetecible para el cachorro. Ponte en sus patas y piensa como él.
- **Dale espacio y tiempo para conoceros.** Deja que explore libremente la casa y el lugar donde viváis. Él marcará el ritmo.
- **Deja que se acerque a ti cuando quiera interactuar.** ¡Qué difícil! Es tan adorable que lo achucharías todo el rato. ¡Quieto parado! Siéntate en el suelo y deja que él se acerque, y usa este mismo principio con todo. Empujar u obligar suavemente a saludar y dejarse tocar es contraproducente, ya que le enseña que su familia humana no respeta sus tiempos y puede llevarle, incluso, a negativizar el origen de ese malestar: los humanos. Si dejas que él se acerque cuando lo considere adecuado le estarás mostrando confianza y respeto. Él lo entenderá y te considerará casa.
- **Ocúpate de lo que vaya sucediendo antes de preocuparte.** Cada cachorro es único, así que, por mucho que te prepares o planifiques, jamás podrás imaginarte qué iréis necesitando. Aprende a poner el foco en la ola que estás surfeando, no en la que vendrá después (o puede que nunca).
- **Céntrate en lo importante: acompañarlo a su ritmo y manera en este loco mundo.** A veces cuesta, ya que las prisas y los ob-

jetivos nos superan. De verdad, todo el tiempo y la energía que le dediques en esta etapa de su vida serán como alas que le irás tejiendo.

El perro adoptado

GRACIAS por ofrecerle un hogar y formarte para acompañarlo. Para mí es importante que se incorpore a tu familia con calma y tranquilidad, dando el tiempo necesario a cada uno. Sí, el tuyo también. Adoptar un perro remueve por dentro a un nivel que ni te lo imaginas.

Según mi punto de vista, las fases de la convivencia en una adopción son las siguientes:

1. **Toma de decisión: incorporar a un nuevo miembro a la familia.** El proceso de adopción empieza en cuanto decides que quieres incorporar a otro miembro a la familia. Cuando lo haces, adquieres el compromiso de acompañarlo en el camino, sea cual sea. Ahora bien, acompañarlo cuando ha vivido situaciones difíciles puede ser muy retador. Algunos perros han sufrido maltrato, nulo contacto con el exterior, abandonos de todo los tipo…, y esto hace que lleven una mochila de aprendizajes negativos. Me gusta conocer el origen de los perros porque esta información me ayudará a acompañarlos, no para regodearme en el dolor o que la pena me invada. Ahora está contigo, te acompañará el resto de su vida, y tú harás todo lo que esté en tu mano para que brille. Aleja la pena y ¡a vivir aventuras juntos!

2. **Primeros encuentros.** Como ya hemos comentado, cada perro es único, tiene su propio carácter. Tendrás que conocerlo un poco para saber si formaréis un buen equipo. Si en la familia

hay otro perro, será todavía más importante que todos os conozcáis y podáis decidir si sois mejores juntos. Quítate de la cabeza el cuento del amor a primera vista. Puede ocurrir, claro, pero no te crees esas expectativas porque te darás un castañazo. La realidad, sin postureo, es que, dependiendo de la mochila que lleve, el perro que espera un hogar necesitará más o menos tiempo para abrirse al cambio. Y quizá requiera de un acompañamiento más allá de la adaptación al nuevo hogar, sobre todo si el miedo se ha apoderado de él. Fíjate en que no hablo de más fácil o difícil, sino de tiempo y conocimiento. Esta es la clave de una buena formación de equipo.

3. **Primeros días juntos.** El primer día juntos, lo ideal es que vayáis a pasear antes de meteros en el coche, que os reconozca y disfrute. Usa material adecuado por comodidad (que no se haga daño y lo asocie con eso) y seguridad (no vaya a escaparse y la liemos el primer día).

   Una vez en casa, deja que explore todo el lugar. Para ello, prepáralo previamente de manera que pueda hacerlo con tranquilidad. Es decir, quita de su alcance todo lo que pueda ocasionar conflictos (comida, juguetes, tu libro favorito...). Si convives con más perros, deja que explore sin ellos. Más adelante hablaremos de la presentación entre perros que serán hermanos de vida.

   Una vez haya investigado el lugar, dale tiempo para que vaya ajustándose y confiando en su nueva vida.

4. **Inicio de la convivencia.** Han pasado los primeros días y parece que todo va encajando poco a poco. En esta fase podríamos presentarle a otros miembros del círculo cercano a la familia, sin perder de vista cómo se sienten todos los implicados. No hay una fórmula, es cuestión de ir ajustándola según la situación.

En este momento intentará conocer nuevos lugares de manera progresiva. Sé que tienes ganas de explorar con él y de enseñarle todo tu mundo, pero tenéis mucho tiempo por delante, así que es mejor hacerlo a un ritmo que os permita ir tranquilos. Poco a poco os iréis integrando el uno con el otro.

5. **Adaptación al nuevo hogar.** Como habrás comprobado, en estos primeros meses su actitud habrá cambiado mucho. Es frecuente descubrir comportamientos que al principio no notaste, y puede que cada vez esté más relajado ante todo: con la comida, con el descanso, contigo.

   El primer año es para conoceros y adaptaros.

6. **La vida juntos.** Tras superar situaciones y retos juntos durante los primeros meses, habréis forjado una relación, porque esto es lo que fortalece el vínculo. Una vez ha pasado la etapa de adaptación y habéis creado una forma de relacionaros que os permite acompañaros mutuamente, la vida sigue como la de cualquier otro perro y disponéis de un montón de años para vivir aventuras caninas. Olvídate de los primeros días y disfrutad de lo que vaya surgiendo.

7. **El peor de los escenarios: soltar para que haga su camino lejos de ti.** A veces, después de ponerlo todo de tu parte para aprender y acompañar a tu perro adoptado, no hay adaptación, y el desajuste es tal que la convivencia resulta imposible. Te das cuenta de que su bienestar está comprometido por el lugar y por cómo está viviendo.

   Si estás leyendo estas líneas es que eres un explorador inconformista y muy autoexigente, y a los que somos así siempre nos parece que podríamos hacerlo mejor. Te asalta la idea de «Estaría mejor con otro humano», pero en el fondo sabes que lo estás haciendo genial y que tu perro no podría tener mejor compañero, uno que vela por su bienestar en todo momento. El tiempo os ayudará a estar cada vez más unidos.

Sin embargo, hay situaciones en las que lo mejor para él es cambiar de familia o ubicación, siempre que lo que prime sea su bienestar, y este es el gran matiz que lo cambia todo: es de buen querer soltarlo para que esté mejor en otro lugar. A veces ha fallado alguno de los pasos anteriores o no ha funcionado el ajuste humano-canino. No me refiero a volver a abandonarlo porque has empezado con una pareja, porque quieres viajar un año por Australia o por otra de las mil excusas que he oído a veces. Eso no solo pondría por delante del perro tu bienestar, sino también tu capricho y falta de responsabilidad.

Como ya te he comentado, cuando tomas la decisión de adoptar a un perro, tomas el compromiso de acompañarlo en el camino, sea cual sea. Y quizá este camino no te incluye a ti. Para ello, deberás buscar un lugar y una familia acorde a sus necesidades. Por favor, no lo delegues a un refugio o a un profesional como si fuera una patata caliente. No hay mes que no reciba un e-mail de alguien que quiere librarse de su perro con alguna excusa, y me pregunta si conozco el mejor refugio para dejarlo o si puedo quedármelo yo.

El perro de acogida

Acompañar a un perro para el que nuestro hogar será un lugar temporal es increíble. Ahora bien, requiere de gran fortaleza mental y un conocimiento profundo. Nuestro papel en su vida será el de darle herramientas para que sea feliz en su futuro hogar.

A continuación, voy a compartir los pasos que debéis seguir para acompañarlo en este momento de transición. Podría resumirse en: formación + empatía + seguir el ritmo de cada individuo.

1. **Suelta para acompañar.** Cuando adoptamos un perro, nuestro objetivo es crear un vínculo fuerte y a prueba de cualquier dificultad, pero en el caso de los perros de acogida este objetivo es secundario. Por supuesto, crear un vínculo con él es importante para acompañarlo en el día a día, aunque priorizaremos darle las herramientas que necesitará durante toda su vida.

   Por tanto, hay que hacer el ejercicio de soltar, olvidarse de ser el protagonista de esta aventura. En todo momento debes concienciarte de que eres parte de la solución, el camino que lo llevará a su futuro, y esto requiere que siempre tengas en mente que lo que le enseñes se lo llevará en la mochila.

   De nuevo el motivo será importante. Si acoges para llenar un vacío, cometerás un error, ya que el protagonista de esta historia es el perro de acogida, no tú, el humano que lo acompaña. Es importante que nuestras carencias no interfieran en el acompañamiento que le demos.

   Si soltamos la pena de la despedida y somos conscientes de nuestro papel, podremos ayudarlo de una manera óptima.

2. **Aprende a acompañar el proceso de adaptación.** Cuando un perro llega a una casa de acogida, seguramente haya vivido historias de miedo. En estos casos, el abandono y el maltrato son lo peor, así que acompañarlo en este proceso puede resultar retador y lento.

   Asume que necesitará un tiempo para ajustarse a la nueva situación. Aunque provisional, es lo que ahora mismo tiene como lugar seguro. Ofrécele todo el espacio y el tiempo que necesite.

3. **Supera las dificultades.** Los perros de acogida suelen venir con una mochila llena de problemas: miedos, traumas, carencia o mal aprendizaje por lo que se refiere a las pautas higiéni-

cas (pipís y cacas), cero conocimientos sobre pasear con correa y todo lo que se te ocurra.

Tu papel es acompañarlo en este proceso de aprendizaje para que encuentre un hogar definitivo. Dale la oportunidad de ir a su ritmo, es decir, de recibir estímulos, conocer a humanos y perros, recibir caricias y visitar lugares nuevos de forma progresiva.

Más adelante te enseñaré cómo hacer frente a las dificultades que puedan surgir en la convivencia.

4. **Favorece una buena transición a su hogar definitivo.** Este momento suele ser duro para las familias de acogida, ya que no es fácil dejar que vuele un compañero con el que has vivido muchas aventuras. Lo ideal sería que el perro y el humano adoptante crearan vínculo antes de irse juntos a su nuevo hogar. Es decir, que pudieran pasar tiempo juntos durante su estancia en la casa de acogida. Podríamos llamarle periodo de vinculación. Esto ayudará a que creen una relación sólida y se conozcan. Cuanto más sólida sea la relación mejor será la transición.

   Una vez más, acompañar a cada uno a su ritmo será la clave para una futura convivencia armoniosa.

LÍMITES CANINOS

Temazo donde los haya. Qué mal hemos entendido los límites... Los hemos relacionado con la violencia y esto hace que nos cueste tanto aceptarlos como marcarlos. Sin embargo, los límites son maneras sanas de relacionarnos, normas que permiten que todo fluya entre nosotros.

En la relación perro-humano, hasta hace poco solo encontrábamos límites que cuidaban al humano, mientras que el perro pasaba a un segundo plano. Sin embargo, para mí es importante que nutran el bienestar del equipo, así que los he clasificado en:

- Límites que acompañan la esencia del ser humano.
- Límites que acompañan la esencia del perro.
- Límites que cuidan la convivencia.
- Límites que cuidan el entorno.
- Límites sin sentido.

¡Veámoslos!

Límites que acompañan la esencia del ser humano. Son los límites que nos potencian y nos ayudan a sentirnos mejor en el día a día, como por ejemplo que el perro aprenda a descansar mientras me tomo algo en una cafetería. En este caso, esto hace que pueda salir con mi compañero perro y podamos vivir juntos aventuras más lejos de casa y más largas.

Otro ejemplo sería que descanse mientras escribo estas líneas. Ahora mismo es lo que está ocurriendo: mis perros descansan mientras te escribo. Si ahora quisieran jugar a tope y no supieran que hay un límite, no sería posible.

Límites que acompañan la esencia del perro. Son los que lo acompañan para sentirse seguro y desarrollar sus habilidades. Por ejemplo, no jugar a tirar la pelota como si no hubiera un mañana. Limitar ese juego o eliminarlo de su vida beneficia su bienestar emocional y, a la par, no provoca que se revolucione demasiado, lo que sería un problema para la convivencia y su bienestar.

Límites que cuidan la convivencia. Son los que favorecen la convivencia en familia. Un ejemplo de esto sería prohibirles que se suban a la cama. Quizá te encanta dormir con tus perros, como a mí, pero cuando se duerme en familia y convives con cuatro perracos es difícil estar todos juntos. En este caso, el límite de no dormir encima de la cama cuando estamos todos cuida la convivencia familiar. Aunque, si por mí fuera, dormiríamos todos juntos y revueltos.

Límites que cuidan el entorno. Son los límites que favorecen al entorno, ya sea urbano o natural. Por ejemplo, pasear de la correa en un parque donde hay patos o en una zona con muchos animales salvajes, o no hacer pis en las paredes de los edificios.

Límites sin sentido. Por último están los límites que no cuidan de nada ni de nadie, creados por miedo o para llenar el ego humano. Soy partidaria de establecer solo límites que beneficien y de buscar soluciones para cubrir las necesidades de todos los que formamos parte de la sociedad, incluidos los perros.

Serían ejemplos de estos límites todas las prohibiciones para acceder a playas, locales, etc., sin ofrecer alternativas y la norma que obliga a ponerles el bozal a según qué razas.

Ahora analizaremos tres limitaciones frecuentes que suelen marcarse en las familias:

- **Aislar al cachorro las primeras noches.** Este límite solo protege el parquet de tu casa. La esencia del cachorro es estar acompañado, sobre todo los primeros días, de manera que el hecho de que no lo dejes dormir con vosotros los primeros días no te cuida, porque si estás leyendo estas líneas es que consideras familia a tu perro, y hacer daño a tu familia duele en el alma. Y tampoco cuida a los vecinos, porque esa noche no dormirán con sus lloros. Te propongo que cuestiones y elimines de tu vida este límite.

- **Limitar el acceso del perro a la zona de convivencia familiar.** En la naturaleza del perro entra vivir acompañado y en familia. Limitar que esté con vosotros atenta contra su derecho al cuidado. Una vez más, este límite solo se ocupa de la limpieza de tu casa.

  Puede haber momentos puntuales en los que limitéis su acceso por visitas, porque necesites centrarte en algo... Si tu compañero perro está aislado de la familia por sistema, a él no le hace bien.

- **Limitar la interacción del cachorro con el mundo exterior.** El cachorro necesita relacionarse con el mundo para desarrollar sus habilidades y saciar su curiosidad. Privarlo de esa interacción por miedo o por creencias es un límite que solo alimenta tu tranquilidad y tu ego. He visto a demasiados cachorros a los que no los habían socializado poniendo la excusa «Solo quiero que me quiera a mí» o «Me da miedo que coma algo».

  Lo primero no es querer bonito, sino egoístamente. Ves al perro como un ser que ha nacido para servirte. Respecto a lo segundo, entiendo que el mundo da miedo, hay muchos peligros ahí fuera, pero la vida está para vivirla, y cuando lo haces y te arriesgas pueden pasar cosas. Asúmelo y ¡a disfrutar!

¿Cómo se marcan los límites?

¿Qué hago, lo riño para que interiorice los límites? Te propongo que te ocupes de enseñarle alternativas y de cubrir las necesidades que se esconden detrás del conflicto.

Por ejemplo, con relación al límite de no subirse al sofá —que cuida la convivencia—, podrías potenciar que se tumbara en una cama perruna mullida y, además, cubrir sus necesidades de estimulación física y mental. El perro que tiene todo lo que necesita no se porta mal. En serio, muchas veces, cuando vamos a algún lugar y los piracanes están tranquilos, siempre hay alguien que dice: «¡Qué suerte, son muchos y mira qué bien se portan!».

Primero, ¿qué es portarse bien? Por lo general, se asocia a no molestar al humano, ponérselo fácil, y quizá eso no esté bien porque ese perro no obtiene lo que necesita. Si está quieto y aparentemente tranquilo en un lugar, pero en realidad se siente asustado e inhibido, NO ME SIRVE.

Detrás de que estén tranquilos mientras nos tomamos un helado en familia en una terraza hay muchísimas cosas. Se sienten así porque están habituados a los humanos y a los sonidos, y además han liberado su energía supersónica paseando y olfateando, de manera que ese descanso les permite recuperar fuerzas para enfrentarse a escenarios nuevos y retadores.

En este caso, el límite para los piracanes es quedarse quietos mientras nos zampamos los helados (y no comérselos ellos, lo que es más difícil que el hecho de que estén tranquilos). Antes de que se dé esta situación nos hemos preocupado de:

- Habituarlos al entorno.
- Acompañarlos para que puedan estar sin hacer nada.
- Enseñarles a no zamparse los helados.

Es importante ponérselo fácil, hacerlo cuando ya hayan paseado y olfateado, y no dejar los helados a su alcance. De esta forma, intentaremos propiciar al máximo lo que queremos conseguir.

El «no»

«No» es una palabra sin significado previo para los perros. De hecho, se lo asignamos nosotros. Ellos se ponen el límite de «basta» de otra manera, como metiéndose en medio de una conversación o deteniendo cualquier interacción unos segundos. Si no se entiende el límite, tal y como hemos visto en la isla Comunicación Canina, su forma de comunicarse va subiendo de tono.

Decir «no» al perro es comunicación siempre que se le haya dado una alternativa para que cuide ese límite que marca el «no». O sea, decirle «no» cuando olfatea una farola para mí no tiene sentido. Va en contra de su esencia y bienestar. Decirle «no» cuando quiere zamparse el helado de la miniexploradora es coherente. Nos hemos ocupado de que Domi entienda este límite ofreciéndole alternativas, e incluso hemos reforzado que no quiera zampárselo y se olvide de su impulso inicial.

El «no» en el aprendizaje. Lo siento, pero discrepo en este caso. Cuando un perro está aprendiendo —una interacción social, un entrenamiento mental o lo que se te ocurra—, considero que el «no» sobra, pues aporta confusión e inhibe su capacidad de aprendizaje libre. En esos momentos, soy partidaria de acompañar en silencio, estar disponible por si necesita apoyo y mediar solo si es necesario.

Sé que cuesta callarse cuando suceden cosas, pero el perro es el protagonista de su vida; tú, solo su guía. Cuanto más dejemos que actúe, pruebe e incluso se equivoque, más autónomo será. Pero esto no quiere decir que sea independiente. Jamás lo será. Como veremos más adelante, el perro está cautivo en casa. Por mucha libertad que tenga, depende de nosotros. Ser autónomo consiste en que decida lo máximo por sí mismo y que si se enfrenta a una situación, tenga las herramientas que necesita para salir adelante.

Cada vez que digas «no» pregúntate si te has ocupado de lo que acaba de pasar o tu negativa responde a tu frustración.

DIFICULTADES EN EL CONVIVIR

En este islote voy a desgranar distintas dificultades que surgen en el día a día. A estas alturas del viaje ya has aprendido a prevenir diversos problemas y a ocuparte de lo importante, pero cuando convives con perros y compartes aventuras caninas surgen las dificultades, esas que nos hacen crecer como equipo e individuos.

Nos adentraremos en un mundo en el que viven perros que ladran a tope, destrozan todo lo que pueden, no hacen caso, se paralizan durante el paseo... He seleccionado las dificultades que nos encontramos con más frecuencia en las familias. ¡Vamos allá!

El primer paso ante las dificultades

Vivimos en la cultura del «Ya se solucionará» o del «Ya lo arreglaré cuando se estropee del todo», así que esperamos demasiado para buscar asesoramiento externo. En un mundo ideal, todos nos habríamos formado antes de que llegase un compañero canino a nuestra vida y cubriríamos sus necesidades reales, de manera que las dificultades fueran pequeñas. Sin embargo, la mayoría de nosotros —yo incluida— no tenemos ni idea sobre perros cuando estos entran en casa por primera vez. Por eso suele pasar demasiado tiempo hasta que nos damos cuenta de que necesitamos asesoramiento profesional. Por tanto, el primer paso en cuanto detectes una dificultad será acudir a alguien que pueda asesorarte y acompañarte en el proceso.

Otro drama es encontrar a un buen profesional que lo haga respetándoos tanto a tu compañero canino como a ti. Para mí, esa persona debe anteponer el bienestar del perro y el de su familia a su ego, estar constantemente actualizado y acompañar a la familia con respeto y empatía.

¿Cómo puedes saber si es un buen profesional adecuado para vosotros? Como he comentado, considero que un buen profesional siempre antepone el bienestar del perro y su familia a sí mismo y a sus intereses. Quizá pienses que todos los que nos dedicamos a este sector somos muy majos. Sí, muchos somos así, pero también los hay que creen que el perro es una herramienta de obediencia y una fuente de dinero. Sé muy crítico al elegir a la persona que os acompañará.

Un buen profesional:

- Te escucha y no te juzga.
- Crea un plan de acción para tu caso y lo ajusta a vuestra vida y a vuestras necesidades.
- Hace un seguimiento y acompañamiento del perro y de su familia.
- Está actualizado (pista: si usa la palabra «dominancia», se habrá formado en el Jurásico).
- Es coherente.
- No usa la fuerza, sino el entendimiento y la empatía.
- Antepone el bienestar del perro a su ego.
- Contesta a todas tus preguntas.
- Es transparente.

Por el contrario, si te dice alguna de estas frases, ¡HUYE!

- «Imponte o te dominará».
- «Necesitas aplicar la fuerza —collar de ahogo, de pinchos, eléctrico, darle un tortazo en el hocico, una patada o vete a saber qué invención humana— para que te haga caso».
- «En dos sesiones se soluciona todo».
- «Si no te muestras como líder, no sabrá quién manda» (ver programas de televisión no computa como formación, al menos para mí).
- «La fórmula para tu caso es X».

Sé muy crítico con el profesional que contrates y pregúntale todo lo que necesites saber. Es fundamental que conectes con él. Por bueno que sea, si no compartís valores de vida, será difícil que pueda acompañaros en vuestro viaje. Pero si tu entraña te dice que es la persona indicada, confía en ella.

Descartar problemas físicos. Una vez escogido el profesional adecuado para vosotros, el siguiente paso es descartar que el perro tenga algo físico que afecte a su comportamiento. Con frecuencia, algunos padecen problemas —dolencias digestivas, malestar…— que afectan a su comportamiento. Te pongo un ejemplo: un alumno canino había mejorado mucho en sus interacciones físicas con su familia. Un día volvió a sentirse amenazado en situaciones ante las que hacía meses que no reaccionaba. Al hacerle un examen físico se descubrió que tenía dolor en una pata.

Dificultades más frecuentes en la convivencia

He seleccionado las dificultades sobre las que más me consultan. Cada caso es único, y esto no deja de ser algo general. Si estáis en alguna de estas situaciones, consulta a un profesional YA.

El perro que tiene miedo

Este es uno de los obstáculos más habituales cuando llega un perro a casa, y suelo encontrarme con él durante el acompañamiento. Tener miedo no es un problema, pero si es crónico e influye en la posibilidad de VIVIR aventuras, entonces sí lo es.

Todos sentimos miedo, es una emoción que nos avisa de que existe un peligro que debemos considerar. El problema viene cuando no sabemos transitarlo e influye en nuestras capacidades. Veamos qué podemos hacer cuando ocurre y antes o después del momento crítico.

Qué hacer cuando ocurre

- **Identifica el miedo.** Como vimos en la isla Comunicación Canina, muchas de las señales que da un perro pueden interpretarse como miedo, así que será clave aprender a identificarlo.

  El miedo puede ser el detonante para que quiera huir, se congele o ataque. Si ves a un perro que ladra y otro que huye, se queda petrificado o incluso muerde, piensa que ambos están sintiendo lo mismo pero lo demuestran de distinta forma. Si te enteras de que un perro ha llegado a morder, piensa «Qué mal lo estaría pasando para llegar a morder» y no lo culpabilices.

Los perros siempre expresan lo que sienten, no se quedan nada dentro, así que si se sienten cómodos y respetados no actuarán de forma brusca.

- **Acompaña el miedo.** Lo primero que tienes que saber es que, cuando un perro se asusta, no puede aprender. Esto es clave. Hay humanos que se empeñan en enseñar en momentos críticos en los que el perro solo intenta sobrevivir. Todo lo demás pasa a un segundo plano. Por tanto, si ves que está asustado, acompáñalo para que se sienta seguro. Puedes agacharte junto a él, apartarlo de esa situación, acariciarlo o abrazarlo (aunque a muchos no les gusta este gesto). Cada perro siente el apoyo de diferente manera.

  Olvida esos consejos de «Déjalo, ya se apañará» o «No lo toques, que se acostumbra». Atiende emocionalmente a tu compañero canino cuando más lo necesite.

- **Ajusta las situaciones.** La vida está para vivirla, y cuando lo haces pasan cosas. Aunque quieras controlar todas las situaciones en las que tu perro se verá inmerso, es IMPOSIBLE. Lo bonito de la vida es su imprevisibilidad, así que te pasarás el día surfeando nuevas experiencias.

  Es importante que conozcas profundamente a tu compañero perro para entenderlo en cada momento, en especial cuando se asuste, porque esto te dará la hoja de ruta que te permitirá ajustar las situaciones que vayáis viviendo. Pero ya te adelanto que a veces no es posible. En ocasiones, la situación no se puede ajustar y hay que salir del paso. Por ejemplo, imagina que tu perro tiene miedo a los camiones y aparece uno por la calle. No podéis esconderos ni apartaros, así que te aconsejo que surfees la ola y que lo acompañes en ese momento, ya que la situación no se puede ajustar.

- **Traza una hoja de ruta para acompañarlo.** Una vez pase el momento crítico, pregúntate qué podrías haber hecho mejor.

Ocúpate de darle herramientas para que, cuando vuelva a encontrarse con lo que le da miedo, pueda usarlas. «Pero ¿cómo se hace eso?», me preguntarás. Sigue leyendo.

Qué hacer antes o después del momento crítico

- **Cubre todas las necesidades de tu compañero.** Un perro feliz no la lía, pero esta afirmación tan sencilla esconde muchísimos matices. Cuando tiene sus necesidades cubiertas se siente respetado y acompañado, y esto se traduce en cómo reacciona ante cualquier situación. Entonces los demás dirán «¡Qué perro más tranquilo! Qué suerte has tenido…», a lo que siempre respondo lo mismo: «No es suerte, es tiempo y dedicación».
- **Acepta sus mochilas y su forma de ver el mundo.** Me refiero a que lo quieras tal y como es, no a pesar de cómo es. Eso se nota, y los perros captan cómo se les acompaña. Tampoco hablo de resignación, de aceptarlo sin ocuparte de él ni de querer mejorar la situación. Abraza el origen de tu perro, sus mochilas, y acompáñalo en su camino sin expectativas humanas ni cuestionarte cada paso.
- **Nutre sus fundamentos.** Soy partidaria de solucionar los problemas yendo a las bases. Cuando un perro tiene miedo y reacciona quedándose paralizado, huyendo o ladrando, la mejor manera de acompañarlo consiste en nutrir sus fundamentos para que, cuando vuelva a encontrarse en esa situación, sepa cómo reaccionar o, al menos, que no le afecte tanto, pues contará con una caja de herramientas que le permitirán enfrentarse a ese momento crítico.

- **Ayúdalo a cambiar su percepción sobre «el monstruo».** No cuestiones lo que le da miedo; limítate a acompañarlo para que cambie su percepción sobre ese objeto o situación concreta que lo asusta, aquello que, para él, es un monstruo. Da igual lo que sea, una bolsa, una tortuga o un perro. Aunque te parezca una tontería, para él no lo es. Si le da miedo, tiene la suficiente importancia como para que lo acompañes.

  ¿Cómo hacerlo? Habituándolo. Piensa en cómo puede percibir el estímulo que le da miedo sin llegar a asustarse. Por ejemplo, podéis alejaros para que lo vea pero no se bloquee. Si las primeras veces tiene que ser a un kilómetro, que así sea. Desde mi punto de vista, uno de los errores más frecuentes en este tipo de acompañamientos es que nos confiamos enseguida y esto hace que el perro no se acostumbre, sino que incluso coja más miedo. Sé que el proceso es lento, a veces desesperante. Una vez más, necesitas conocer muy bien a tu perro para saber cuándo es suficiente y cuándo te estás pasando.

- **Ofrécele alternativas.** Venimos de una época en la que todo se solucionaba con adiestramiento, es decir, creando conductas. Por ejemplo, si nuestro compañero canino ladraba a otro perro porque tenía miedo, le hacíamos sentarse y esperar. Luego retomábamos la marcha. Por entonces solo se intentaba que el perro no pensara, que se limitara a obedecer nuestras órdenes sin ofrecerle alternativas reales. En la actualidad, sin embargo, se demoniza el adiestramiento, y premiar con comida es casi maltrato. Como librepensadora, no creo en los absolutismos. Estoy convencida de que cada caso es un mundo, y que es fantástico nutrirse de conocimiento para crear una fórmula canina propia, con el bienestar individual y colectivo por bandera.

  Por tanto, considero que enseñar algunas señales para entendernos en momentos concretos es útil tanto para el perro como para nosotros, siempre que seamos base segura y que lo que le pedimos sea coherente, porque eso hará que el piracán confíe en nosotros y pueda gestionar la situación que lo incomoda. Una vez más, la confianza y la comunicación son clave en este asunto. Es decir, si el perro se siente incómodo en presencia de otro can, puedes llamarlo para alejarlo de esa situación. Esto le dará una alternativa a ladrarle o marcarlo, para que el monstruo desaparezca. Es importante que la señal que le enseñes responda a lo que necesita. Por ejemplo, las señales dinámicas ayudan en momentos de tensión. Si cuando mi compañero perro se pone tenso al ver a otro lo llamo y caminamos juntos, el movimiento lo ayudará a disipar ese malestar. En cambio, si le pido que se siente y se esté quieto, lo estoy metiendo en una olla a presión. Es decir, retendrá toda esa incomodidad y, seguramente, reaccionará con más fuerza y explosividad, ya que no lo estoy ayudando a disipar el miedo, sino todo lo contrario. Piensa en señales acordes a la situación que lo ayuden a eliminar esa incomodidad.

- **Vive aventuras ajustadas.** Sé que el perro de tu cabeza es sociable, alegre y curioso. Ahora imagina que el real es tímido y necesita tiempo y espacio para sentirse cómodo. Si las expectativas y realidad no cuadran, entra en juego la frustración. Sé realista y disfruta de todo lo que podéis vivir juntos. Aprende a ajustar las aventuras a vuestro ritmo. Si os queréis y acompañáis tal y como sois, la vida se os presentará divertida y llena de aprendizajes. Para ello, recuerda:

  - Conoce a tu compañero perro.
  - Identifica todo lo que hace que se sienta cómodo.
  - Si ocurre algo inesperado o incómodo para alguno de los dos, tómatelo como parte del proceso de aprendizaje. Por ejemplo, si tu compañero tiene miedo a otros perros, busca

un destino en que no haya muchos o, si los hay, donde puedas acompañarlo de manera tranquila y con distancia.

En resumen, para acompañar a un perro asustado que ladra a otros perros, te propongo que te ocupes de los fundamentos y que intentes ajustar al máximo las aventuras que vivís juntos para que no tenga que llegar a expresar su malestar con el ladrido. Ofrecerle alternativas antes de ese momento puede también ayudaros a salir de la situación.

El perro que ladra

Tal como vimos en la isla Esencia Piracán, los perros usan el habla para comunicarse. El ladrido es uno de sus registros, y con él transmiten muchos mensajes. Veamos algunos de ellos:

Incomodidad: «Vete de aquí»

Es una muestra de inseguridad. Puede ser por la presencia de otro perro, un humano, un objeto, un sonido... El origen es el miedo. Al ladrar quieren que el otro se vaya lo más lejos posible. ¿Qué puedes hacer en estos momentos?

- **Ajusta la situación para que no tenga que expresarse con el ladrido.** Como vimos en la isla Comunicación Canina, el perro muestra muchas señales previas al ladrido para expresar incomodidad. Si lo atendemos antes de que se asuste, lo ayudaremos a sentirse seguro y comprendido, y a no fijar el ladrido como forma de expresión.

  Tu misión es estar atento para que no ladre, el no ladrido será tu éxito. A veces, cuando convivimos con un perro que reacciona ladrando, estamos esperando a que lo haga. En realidad, la clave está en que no llegue a hacerlo. Quítale toda emoción al paseo, que sea tan tranquilo que no haya nada que contar.

- **Acompáñalo con paz si te vienes arriba.** A veces pecamos de exceso de confianza y nos exponemos a situaciones que no habíamos previsto, y está bien, forma parte de la vida y del proceso de aprendizaje. Es más importante cómo reacciones en ese caso que lo que ocurra en sí. De tu tranquilidad dependerá su reacción durante el momento de incomodidad y después.

  El primer truco que quiero ofrecerte es que percibas al otro perro o lo que le cree incomodidad como si fuera una papelera, es decir, réstale importancia. El otro lo aprendí de Patricia McConnell: canta el *Cumpleaños feliz* cuando te encuentres en el meollo de la cuestión.

  En serio, estar tranquilo DE VERDAD cuando se producen estos momentos de desbordamiento es clave para acompañarlo. Sé que es muy complicado, pero si entrenas, cada día te saldrá un poco mejor, hasta que te salga de forma casi innata.

- **Ocúpate del origen del ladrido.** Tal y como has visto en el apartado sobre acompañar al perro que tiene miedo, ocuparse paso a paso le aportará herramientas para que, cuando se enfrente a esa situación, sepa cómo reaccionar. Así, poco a poco, ladrará menos, y cuando lo haga no se quedará tan atrapado en el ladrido. Es un proceso largo que requiere mucha dedicación. ¡Ánimo!

- **Busca a un profesional que estudie tu caso.** Leer este libro, estudiar, ver vídeos sobre perros, formarte, etc., está genial y es clave para conVIVIR con tu perro. Pero si hay algo que te preocupe, la mejor combinación es usar todo lo que has aprendido para nutrir tu sentido crítico y, a la par, dejarte acompañar por un buen profesional canino, quien sabrá cómo aplicar cada particularidad a vuestro caso.

Frustración: «No te entiendo»

Los perros se frustran —y mucho— con los humanos porque pocos dedicamos el tiempo y la energía necesarios a entenderlos. Después de darte muchas señales para indicarte que no te entiende, puede que ladre emitiendo un sonido más agudo y puntual. Te darás cuenta porque viene después de una situación en la que le has querido enseñar algo o cuando él quería jugar contigo y no lo has complacido. En ese caso, te está avisando de que así no te comprende. Si sabes leer sus señales, crearás una hoja de ruta hacia el entendimiento mutuo.

Ajusta la práctica o lo que estéis viviendo a tu perro. Quizá baste con segmentar el ejercicio en partes, jugar de una forma más suave, saber cuándo parar para que no se quede demasiado excitado, quitar la comida de su vista para que se controle... Todo depende de la situación, pero recuerda que buscamos entendernos para que no necesite ladrar cuando desea comunicarse. Y para eso debes aprender a interpretar su habla.

Sobreexcitación: «Se me ha ido de las patas»

Hay perros muy intensos al jugar, saludar, vivir... y ¡me encanta! Yo también soy así. En este caso, el ladrido expresa toda esa energía y las ganas de sacarla que tiene.

Jamás riño a un perro por el hecho de que quiera interactuar con otro ser. Su curiosidad y entusiasmo son MARAVILLOSOS. En esos casos, primero observo si el ladrido dura unos minutos o el perro se queda atrapado en él. Si es un momento puntual y muestra ganas, me parece magnífico y lo celebro con él. Si considero que es un pico de estrés del malo y que su forma de mostrarlo es peligrosa para su familia humana, le ofrezco alternativas.

Hace años ponía en práctica lo que se llama *time out*, es decir, cuando el perro se pasaba de vueltas lo metíamos en una habitación o transportín. Ahora he evolucionado y aquello me parece perjudicial para su confianza y su bienestar. Cuando esto ocurra, dale alternativas para que dirija su energía y motivación hacia otra cosa. También puedes enseñarle señales que requieran su atención mental. No soy muy fan del «Sienta», aunque en estos momentos es muy útil.

Domi se viene arriba con facilidad, así que primero me ocupo de saciar su necesidad de jugar y explorar. Si le da un parraque porque viene alguien a casa o se emociona de más con alguna situación, suelo llevármelo al cuarto de juegos perrunos que tengo en casa y allí puede sacar ese exceso de energía mientras el humano atiende a la visita. Cuando estoy sola suelo preparar un juego de olfato en el jardín para que pueda relajarse olfateando. Pero me parece muy importante ofrecerle después la oportunidad de volver a entrar en casa. Si siempre lo aislamos, no le damos la oportunidad de aprender. Lo sé, es más pesado estar pendiente y ocuparse de su bienestar que apartarlo.

A veces, cuando el grupo de nuestra asociación medioambiental viene a casa, la neurona no me da para tanto: miniexploradora, exploradores sénior y encararlo todo al mismo tiempo. En esas ocasiones, los piracanes se quedan dentro de casa y nosotros campamos por el jardín. Encuentra el equilibrio entre dar la oportunidad y evitar cuando necesites prestar atención a otro lugar.

Aviso 1: «¡Hay alguien aquí!»

El trabajo de muchos perros es avisar de que ha llegado alguien. Este ladrido es muy característico y suele asociarse al timbre, ya que ellos relacionan su sonido con el hecho de que venga alguien. Considero que es útil para el perro y para el humano.

Cuando viajé un año en furgoneta acompañada de Bongo y Vespa, me tranquilizó mucho que Bongo avisara de lo que consideraba peligros, tanto dentro como fuera del vehículo. Una vez más, el problema no es el ladrido, sino si se vuelve desmedido y perjudicial tanto para él como para la convivencia.

En estos casos, por un lado, me gusta habituar a mis piracanes a esos sonidos que sé que se repetirán, como el del ascensor. Por otro, me encanta practicar la comunicación con ellos: cuando ya me han avisado, les digo «Gracias, ya me he enterado» para que sepan que no hace falta que ladren otra vez y que puedo ocuparme del intruso que acaba de llegar a nuestro reino.

Esto requiere práctica y muchas repeticiones, sobre todo si vives con más de un perro, ya que todo se complica porque se retroalimentan entre ellos. Incluso los perros vecinos pueden servir de avisadores. Un truco es tener un timbre al que le puedas cambiar el sonido. Así no llegará a asociar timbre con visitas y podrás adelantarte para entrenarlo.

Pero valora que te avise de la llegada de un intruso. Forma parte de su esencia, de modo que puedes comunicarte para que entienda que no hace falta que te avise hasta el infinito.

Aviso 2: «Me estás molestando»

Este ladrido no debería llegar a producirse. Cuando el perro lo emite, ya ha intentado transmitirnos muchísimas señales para indicar que quiere que ese animal (humano o no) deje de hacer lo que esté haciendo. Comunica que se siente incómodo y no quiere líos, sino estar tranquilo. Así que cuando un perro ladra con esta intención es porque el otro individuo ha hecho caso omiso de sus señales previas.

Podrás identificarlo porque es un ladrido seco acompañado de un giro de cabeza que incluye todo el cuerpo. En el fondo sería como marcar límites con todo el cuerpo y que además se oiga. Esto puede deberse a que el otro perro:

- **Es un cachorro.** Cuando un perro adulto interactúa con un cachorro que aún está aprendiendo la comunicación de su especie, ten cuidado con el «Ya se apañarán». Está genial que el adulto le ponga límites, pero el adulto pasa un mal rato, y si por lo que sea han inhibido en el adulto ese tipo de señales, puede que aguante el tirón pero al final se lo diga de forma brusca o peligrosa. Es importante que superviséis y mediéis cuando corresponda.

  Cuando Lana era cachorra siempre quería jugar con Bongo, y él le enviaba señales para decirle que no le apetecía. Sin embargo, Lana no entendía lo que Bongo le quería decir. A pesar de los inicios macarras de Bongo, por entonces ya era un perro muy diplomático que sabía poner límites de forma amistosa. Confiaba en él, así que decidí que fuera él quien los marcase. Y así fue: le lanzó un solo ladrido de «Me estás molestando». Ella entendió el límite y se dio cuenta de que en ese momento no quería jugar. Si hubiera sido Abel, como no controla la intensidad de sus señales, podría haberle hecho daño o creado una herida emocional.

  Ahora no hagas que los perros solucionen sus problemas como norma, ¿eh? Valora cada situación y momento para actuar de la manera más adecuada.

- **Es un adolescente** y está poniendo a prueba todos los límites. Quizá esté aprendiendo a relacionarse con el mundo y quiera ver hasta dónde puede llegar. Es decir, no es que no entienda la señal, sino que quiere ver qué pasa si la ignora.

  Como ves, no hay fórmulas mágicas, de ahí que quiera nutrir tu sentido crítico y tu conocimiento para que puedas decidir cómo actuar en cada momento.

- **No tiene habilidades comunicativas caninas.** Esto suele darse en perros adultos que no han podido desarrollarlas en su etapa de socialización. Cuando otro perro le indica que no se siente cómodo, en realidad no lo entiende. En este caso es vital la mediación humana para enseñar y acompañar.

- **Tiene un componente físico que le causa dolor.** Cuando se produzcan dificultades en la convivencia es importante que consultéis a un profesional y descartéis los problemas físicos.

Auxilio: «¿Alguien puede ayudarme?»

Con él, el perro indica que quiere que su familia humana lo ayude. He observado que no lo usan mucho entre ellos, creo que lo han desarrollado para comunicarse con nosotros. Entre ellos se avisan, pero no se piden ayuda. Es un ladrido lastimero, una llamada de auxilio cotidiana.

Estos son algunos ejemplos: quiere bajar las escaleras y no puede, uno de sus hermanos está tumbado en el pasillo y no se atreve a pasar, quiere ir a beber agua, pero Garfio, el gato, la custodia y sabe que le dará con la pata si intenta acercarse...

Cuando oigo este ladrido en casa sé que me necesitan para solucionar algo. Me parece un sonido muy bonito y significativo, pues quiere decir que confían en que los tendré en cuenta y que iré a ayudarlos. Además, me conforta pensar que prefieren pedir ayuda antes que reaccionar de forma desmedida.

Bongo, en sus últimos tiempos, emitía este ladrido para que lo ayudara a bajar las escaleras, ya que le costaba mucho. Lo cogía en brazos y lo bajaba una media de diez veces al día porque quería estar cerca de mí. ¡Cuánto te echo de menos, Bongo!

El perro que no sabe estar solo

La soledad la produce un miedo biológico, es decir, algo que viene casi de serie. Los perros son animales gregarios y sociales, con lo que para ellos estar solos puede comprometer su supervivencia, de ahí que estas dificultades sean difíciles de acompañar y solucionar. Para mí, son de las más complejas de resolver.

Si crees que tenéis dificultades con este tema, consulta con un profesional YA. En serio, deja de leer y contacta con uno. Cada día que pasa es tiempo que pierdes, puesto que la situación se fija y cronifica más.

Para asegurarte, es importante que sepas qué sucede cuando no estás en casa. Te recomiendo que uses una cámara, ya que si te basas en lo que encuentras cuando llegas, quizá no te quede claro. Un perro aburrido puede ocasionar los mismos destrozos que uno que esté pasándolo fatal, y otro puede no provocar daño alguno ni ladrar y estar sufriendo.

Sé que muchos humanos solo buscan ayuda cuando algo los incomoda, como los ladridos o los destrozos, pero creo que lo más importante es que parte de tu familia lo está pasando mal y esto requiere que te ocupes de ello lo antes posible.

Los perros sufren cuando no saben estar solos. Es algo que tienen que aprender, ya que no les sale por naturaleza. Ahora bien, un perro no aprende a estar solo estando solo. Cuanto más seguro, apoyado y vinculado se sienta, más fácil le parecerá ser autónomo y quedarse en soledad. Esto es algo totalmente antiintuitivo que muchos humanos confunden con malcriar o mimar.

Atender las necesidades emocionales del perro hará que confíe y se sienta bien contigo y sin ti. Es decir, eso de «Ya se acostumbrará» no funciona. Puede que se resigne y acepte el sufrimiento como norma en su vida, como pasa con los perros que viven toda la vida atados a una cadena, pero eso no quiere decir que sepan estar ahí, sino que han tirado la toalla.

Como es un miedo biológico, es todavía más importante que te ocupes de ello, que dediques energía y tiempo a acompañarlo en este proceso. Para mí, has de tener en cuenta dos frentes:

- **Las bases de la confianza.** Como acabo de decir, cuanto más seguro se sienta, menos le costará estar solo. Por ello, nutrir esa confianza será clave para que se sienta pleno y tranquilo y pueda afrontar situaciones de todo tipo, entre ellas, estar solo en casa.

  Recuerda que todo lo que vivís juntos lo ayuda a sentirse cómodo en soledad. Si un día pasa algo traumático, le afectará. Puedes llevar un diario para ver si las acciones cotidianas se relacionan con cómo se queda cuando está solo.

- **La habituación a la soledad.** Lo ideal es prevenir la dificultad. Acostúmbralo poco a poco a tus salidas para que las perciba como algo habitual en su vida. El tiempo dependerá de cada perro, ellos marcan el ritmo. En caso de dificultad, es muy importante que cuentes con un buen profesional que te acompañe en el proceso. Busca a alguien que lleve la confianza por bandera y que cuando hable de ansiedad por separación, no se quede en el entrar y salir de casa, sino que profundice en el origen, en las bases de la confianza en su hogar, con la familia y en el ambiente.

En estos casos, la teoría no funciona de la misma manera con todos los perros, pues cada uno tiene su fórmula y manera de sentir, y esto requiere un conocimiento y una experiencia profunda. Vale la pena que te ocupes de esto lo antes posible y que inviertas en un buen profesional. Aprender a estar los unos sin los otros os dará alas y hará que vuestra convivencia sea más armoniosa y libre.

El perro que hace sus necesidades en casa

Este es uno de los temas que menos me importan sobre los perros y, a la par, uno sobre los que más me preguntáis. Lo sé, te afecta porque es una guarrada tener que limpiar los pipís y las cacas.

El perro es limpio por naturaleza

Como vimos en la isla Esencia Piracán, para el perro es importante hacer sus necesidades lejos de donde descansa y come.

Quizá pienses que es un marrano, y algunos lo son como fruto del aprendizaje. Me explico: si desde que es cachorro le enseñas que tiene que hacer sus necesidades donde come, duerme y juega, aprenderá que debe ser ahí. Pero él, de manera natural, querrá hacerlo lo más lejos posible. Si le das la oportunidad de alejarse de su lugar de descanso, fomentarás su bienestar.

Para un adulto que vive recluido en un piso, lo mínimo es salir tres veces al día. Para un cachorro, infinitas veces más. Si propicias que lo haga fuera de casa, mejor.

Observa las señales previas a hacer pipí o caca

Los perros siguen un patrón antes de hacer sus necesidades. Si observas muy mucho, identificarás las señales que realizan antes de evacuar, y esto te hará ser rápido y atenderlo para que no se produzca el «error». De hecho, si lo haces siempre, el perro te avisará cuando necesite salir. Si le haces caso y aprende que si avisa podrá hacer sus necesidades donde quiere, lo hará más veces.

Es importante que le hagas caso y sí, da palo salir a las tres de la madrugada de un frío día de invierno cuando tu compañero perro tiene diarrea. Si lo haces, nutrirás vuestra confianza porque sabrá que estás cuando te necesita.

Vespa fue una cachorra tardía en aprender a hacer sus necesidades fuera del piso. Ahora que ya sabe no solo espera para salir, sino que si tiene una urgencia me avisa, y esto es confianza de la buena.

Cuando Bongo tenía un año fuimos a visitar a una amiga. ¡Estábamos tan entusiasmadas con nuestra conversación que se me fue el tiempo! Bongo se acercó a la puerta y cogió la correa. Jamás lo había hecho, pero le hice caso, bajamos a la calle y... ¡zas! Hizo una meada enorme justo en la puerta.

Por aquella vez, y por muchas otras, intento no cuestionar cuando uno de mis compañeros perros me pide ayuda; será que lo necesita. En aquella ocasión se trató de un tema físico, pero puede ser emocional, lo que es más difícil de valorar.

Enséñale en vez de reñirlo

A veces me hacéis una consulta sin sentido: «¿Cómo corrijo a mi cachorro/perro adulto para que sepa dónde tiene que hacer pipí?». La pregunta reformulada sería: «¿Cómo enseño a mi cachorro/perro adulto a hacer sus necesidades en el lugar que hemos escogido para ello?».

Como hemos visto en la isla Esencia Piracán, para el perro es natural hacer sus necesidades sin límites de espacio y tiempo. Por tanto, es fundamental que seas muy constante al enseñarle y que le des la oportunidad de hacerlo en el lugar escogido. Aprovecha oportunidades como después de dormir, de comer y de jugar cada cierto tiempo. Haz todas las salidas que consideres necesarias para enseñarle.

Sé que es tedioso y da pereza. Recuerdo salir a las cinco de la madrugada con Vespa y quedarme fuera en pijama sin llaves. Soy del género despistado, aún más dormida.

El perro aprende por la superficie que hay bajo sus patas

La superficie es clave en el aprendizaje de las pautas higiénicas (que hagan sus necesidades en el lugar determinado). Los perros aprenden en función de la superficie que haya bajo sus patas. Si desde cachorro se acostumbra a hacer sus necesidades en la hierba o en la arena será más fácil que mantenga esa costumbre y que lo haga en lugares donde haya hierba o arena.

A veces es un rollo porque has aparcado en un lugar y tienes que dar una vuelta para llegar al césped o a la zona de tierra, sobre todo en las grandes ciudades, donde el verde escasea. Vale la pena que te ocupes y enseñes el hábito a los perros para facilitarles esa tarea cotidiana.

Puedes ir acostumbrándolos desde cachorros. El buen criador propiciará espacios donde hacer sus necesidades, pero al traficante de animales esto le importará más bien poco y los tendrá a todos juntos y de cualquier manera en un mismo espacio. Muchos perros que provienen del tráfico pasan sus primeros meses de vida confinados en una jaula junto a sus hermanos u otras víctimas haciendo pipí y caca donde duermen, comen y juegan. Por tanto, de adultos será un drama enseñarles a hacer sus necesidades en otro lugar. Este abuso es un atentado contra el bienestar de los perros. No solo los afecta a nivel emocional, sino en cuestiones tan cotidianas como hacer sus necesidades en la calle.

Propicia que haga pipí y caca en el lugar que elijas, y comprueba si asocia la superficie del sitio con realizar allí sus necesidades.

Volver a casa justo cuando ha hecho sus necesidades

A veces, cuando paseamos a nuestro compañero perro, nos vamos a casa justo cuando acaba de hacer sus necesidades, lo que provoca que aprenda a demorarse para no volver a casa. Intenta que no asocie hacer sus necesidades con el final del paseo.

La correa y hacer sus necesidades

Si tu compañero perro siempre hace sus necesidades cuando va sin correa, te costará que las haga con ella. Intenta combinar ambas situaciones para evitar dificultades en todas las aventuras que viviréis, atados y sueltos. Como ves, es cuestión de no condicionar las acciones del día a día. Me gusta que los perros y los humanos nos sintamos libres.

Las fiestas cuando ha hecho pipí

Lo sé, es emocionante cuando llevas decenas de salidas sin conseguir que haga sus necesidades en la calle y, ¡zas!, hace un pipí. Entonces te entran unas ganas locas de felicitarlo. Contrólate. Si lo haces, le cortarás el clímax y siempre esperará ese refuerzo. Aunque no está de más reforzar la evacuación con un premio, es importante que se lo des en el momento adecuado. Piensa que evacuar ya es satisfactorio por sí mismo.

Te propongo que esperes a que haga pipí o caca del todo, aunque por dentro estés bailando la conga, incluso a que deje la información que considere con las patas. Entonces, felicítalo o refuerza su acción.

¿Cuándo es tarde para enseñarle a hacer sus necesidades en un lugar concreto?

Nunca, siempre puede aprender. Por supuesto, será más fácil acompañar a un cachorro que empieza de cero que a un perro adulto que lleva una mochila cargada de aprendizajes. Cuando un perro llega a nuestra vida —da igual su edad—, es importante que lo acompañemos con constancia y cariño, y que propiciemos que haga sus necesidades en el mejor lugar.

Puede que en la edad de oro necesite volver al inicio de su vida y pasar por un lugar de transición en el que hacer sus necesidades porque no se aguante hasta llegar al exterior. Si es así, lo enseñaremos igual, propiciando al máximo que lo haga allí. Alucinarás con lo rápidos que son los perros.

Durante la última etapa de su vida, Bitxa no retenía lo que comía. Vivíamos en un quinto piso en el centro de Barcelona y no nos daba tiempo a salir a la calle para que evacuase, de modo que le enseñé a hacerlo en una bandeja de arena. En pocos días lo aprendió, aunque a veces no apuntaba demasiado bien.

¿A qué edad tengo que preocuparme?

Muchos me preguntáis cuándo debéis preocuparos si hace pipí o caca fuera del lugar que habéis establecido para hacerlo. Cada perro aprende a su ritmo, y depende de la constancia del humano que tenga detrás. Siempre digo que el límite de un perro depende del humano que lo acompañe, y en este caso es aún más significativo, si cabe.

Si lo has acompañado desde cachorro y al año sigue sin aprender dónde tiene que hacer sus necesidades, empieza a preocuparte. Cuando el perro llega de adulto a casa, la historia cambia. En ese caso, el periodo es distinto, pues son muchas las emociones provocadas por el cambio de hogar y que debe gestionar. El tiempo se dilatará, incluso hay perros que dejarán de hacer sus necesidades durante días por el *shock* que le producirán los cambios.

¿Cómo puedo ocuparme de ello?

1. Descarta que la parte física esté afectando a su aprendizaje. A veces nos centramos en que aprenda las pautas higiénicas y resulta que padece un problema que le influye.

2. Revisa qué asocia el perro a las pautas higiénicas. Es alucinante la cantidad de detalles que pueden estar entendiendo. Recuerdo el caso de un cachorro que nació en invierno en un lugar nevado y relacionó hacer sus necesidades con la nieve. Cuando llegó la primavera tuvo que volver a aprender dónde evacuar.

3. Pregúntate si has sido constante y frecuente en las salidas higiénicas de tu perro.

4. Sin buscar culpables, vuelve a empezar desde cero. Céntrate en enseñar.

¿Lo riño si lo pillo in fraganti *haciendo sus necesidades en otro lugar?*

Si riñes a tu perro por hacer algo tan natural y necesario como el pipí y la caca, estarás cargándote la confianza que tenga en ti y en el lugar donde habita.

Cuenta la leyenda que hay que darle con un periódico en el hocico, restregarle el morro en el pipí, asustarlo cuando lo esté haciendo y mil historias más fruto de la ignorancia humana y de poner el miedo en el centro.

¡BASTA YA!

Si has pasado por eso, abrázate, yo también me creí esas patrañas. Ahora estamos aquí y vamos a acompañar a nuestros compañeros caninos en su proceso de aprendizaje.

Si pillas a tu perro o cachorro haciendo sus necesidades en casa, laméntate por no haberlo llevado a su lugar antes. En resumen, acompáñalo en favor de su esencia: el perro es limpio por naturaleza. Enséñale antes de reñirlo y adelántate observando y entendiendo cuando necesita hacerlo.

El perro que no hace caso a los humanos

Otro temazo donde los haya. Quizá has comprado el libro por este motivo, porque quieres que tu compañero perro te haga caso cuando le pides algo como que venga, que se esté quieto, que se quede a tu lado, que se calle... Incluso puede que sigas hablando de «obediencia», sin haberte planteado qué significa esta palabra. Obedecer es seguir el mandato del que manda, de la figura de autoridad.

En realidad, vivimos en un sistema creado para que sigamos las directrices impuestas sin cuestionarnos nada. ¿Por qué iba a ser diferente para los perros?

No conecto con este concepto, y menos con las imágenes que se relacionan con este palabro. Si haces una búsqueda rápida por internet, te aparecerán vídeos de perros quietos como esfinges que están obedeciendo a humanos que levantan el dedo para que no se muevan.

Piensa si quieres que tu perro te obedezca o si pretendes que os acompañéis. Después de eso, pregúntate: ¿para qué quieres que tu compañero perro te haga caso? Sé sincero. Estamos aquí para romper creencias y crear nuestra propia forma de actuar. Para ello, el primer paso consiste en derribar lo que hacemos de forma mecánica sin cuestionarnos qué implica.

¿Quieres que te haga caso para que se vea que es un perro educado?

¿Quieres que te haga caso porque así te sentirás seguro viviendo con él?

¿Crees que necesita que le manden?

¿Piensas que es por su seguridad?

Cuenta la leyenda que el humano era el salvador del perro. Sin un líder en la manada, no podrían sobrevivir en sociedad o ser felices. También afirma que tu valía y la muestra de lo fuerte y poderoso que eras venían dadas por el caso que te hacía tu perro. Al fin y al cabo, es el mejor y más fiel amigo del hombre.

Comentarios como «No tienes fuerza para controlar a esos perros» demuestran que la fuerza, y no la comunicación, es lo que tradicionalmente ha primado para conseguir que los perros nos hicieran caso.

A estas alturas del libro, espero haberte ofrecido otras formas de pensar alternativas y que hayas reconfigurado tu manera de relacionarte con tu perro.

Me considero acompañante de mis perros. Soy responsable de cubrir sus necesidades y de velar por su seguridad física, mental y emocional. Por tanto, que me hagan caso es una manera de cuidarlos y la consecuencia de lo que construimos a diario. Para mí, es una forma más de comunicación. Que me hagan caso lo uso para mantenerlos a salvo (la llamada, por ejemplo), entendernos (el «Junto»), divertirnos (nos encanta aprender) y mantener la buena convivencia en casa (gracias, chicos, ya habéis ladrado suficiente, ahora sigo yo).

Responderte las preguntas y ocuparte de este asunto requiere que hagas un profundo ejercicio de ego y conectes contigo. A veces, detrás de la necesidad de que tu perro te haga caso se oculta la de gustar y ser aceptado por los demás, así como inseguridades y carencias. Y esto perjudica a vuestra relación.

De ahí que sea tan fan de hacer lo que a uno le salga de la entraña. Si estás conectado a ella y a las necesidades de tu perro, sabrás lo que necesitáis, teniendo en cuenta el entorno pero sin permitir que guíe vuestro camino.

¿Quiere estar contigo o solo se te acerca porque lo has condicionado?

Los perros pueden hacer caso por diferentes razones: miedo, confianza o supervivencia. Se puede entrenar «fácilmente» que el perro acuda a la llamada condicionando su respuesta con recursos que le gusten —comida o juguetes— y castigándolo con algo que le resulte incómodo cuando no haga lo que quieras. Entrenar esta parte sin tener en cuenta todo lo demás me parece superficial y vacío. A veces vemos a perros que hacen muchísimo caso, con una llamada de libro, pero que están desconectados de su familia o infelices.

Antes no se sabía más, se hacía así. Pero quedarse en esa forma de relacionarnos y enseñarles me parece obsoleta y propio de una mente limitada. Considero que la mejor opción es que la confianza sea el faro que guíe tu camino y que te apoyes en favorecer que, de forma natural, le salga estar cerca de ti. No concibo que los seres con los que comparto la vida estén conmigo por obligación o por miedo, ya sean amigos, pareja, hijos, perros, gatos, hurones… Me da igual la especie y la relación que mantengamos. Ninguno tiene esa obligación.

Cada día deseo que quieran estar conmigo. Habrá momentos en que lo sentiré de una forma más intensa porque habré amanecido feliz, y en ocasiones lo notaré menos porque quizá ese día me he levantado un poco demasiado gruñona.

¿Por qué tu perro no hace caso a tus propuestas?

Esta es una pregunta genial. Reflexionar sobre por qué el perro no nos hace caso nos ofrecerá la clave para averiguar cómo ocuparnos de ello y solucionar el problema.

Aquí he seleccionado algunas de las causas más frecuentes por las que los perros no hacen caso a los humanos:

- **Tu compañero perro no confía en ti.** A veces vamos creando pequeñas fracturas en la relación y al final esto afecta a la confianza. Puede que sea porque:

  - **Todavía no os conocéis.** En ocasiones queremos construir una relación de confianza a los pocos días de conVIVIR. Sin embargo, esto conlleva conocernos para respetarnos y acompañarnos como cada uno necesita. Da espacio y tiempo para que vuestra relación se nutra y se fortalezca.

  - **Te has venido arriba con los límites.** Quizá le has impuesto límites sin sentido, incoherentes, o te has convertido en un tirano. Es fácil caer en esto si nos dejamos arrastrar por lo tradicional, lo que siempre se ha hecho y el concepto de obediencia. Empieza de cero, evolucionad en vuestra manera de relacionaros. Los perros son animales increíbles, se adaptan y aprenden sin rencor.

  - **Has chantajeado a tope.** A veces desespera que nuestro compañero canino no nos escuche o que tarde en venir, así que es frecuente que tiremos de chantaje: decirle el conocido «Mira qué tengo» o «¿Quieres un premio?» y después atarlo, cogerlo bruscamente, el zasca… Cada vez que lo engañas restas niveles en vuestra confianza. Sé honesto siempre.

- **Has sido muy repetitivo.** Quizá tu perro solo oiga ruido. Ya no es capaz de escucharte porque has repetido tantas veces su nombre, lo que le pedías o lo que sea que no ha entendido qué quieres y se ha saturado de tanto oírte.

- **Te has venido arriba y le has pedido demasiadas veces cosas que no son justas ni necesarias.** Se produce cuando te apuntas al postureo y desconectas de lo que os hace bien como familia y como individuos. Respeta tu yo anterior; lo hizo lo mejor que pudo con lo que sabía. Y recuerda que ahora estás aquí cuestionándotelo todo y evolucionando.

- **Hay algo que le interesa más.** Sí, explorador canino, tu compañero perro también explora. Puede que haya rastros, animales, comida o vete a saber qué que le interese más que ir contigo. Te sigue queriendo, pero su instinto le pide explorar y descubrir. En este caso, sería importante:

  - **Enseñarle a volver.** Salir a explorar forma parte de su naturaleza.

  - **Muéstrale su lugar seguro.** Suelta a tu compañero donde no haya peligro para que pueda ir a descubrir nuevos olores. Siempre hay riesgos, pero la idea es asumir los mínimos. Yo siempre vigilo que la carretera esté lejos e inaccesible, que no haya animales salvajes a los que molestar ni precipicios cerca del lugar de exploración.

- **Está asustado en ese momento.** Cuando un perro siente miedo no piensa, se centra en sobrevivir. El miedo en sí no es malo, es solo una emoción que nos advierte. Lo importante es transitarla, no quedarse atrapado en ella.

  Los perros, como los humanos, en ocasiones se asustan, pero el miedo permite que nos preparemos ante la eventualidad de un peligro. Es útil si nos ayuda, no tanto si nos bloquea. Cuando el perro siente miedo no es capaz de pensar ni de escuchar. Por tanto, no es que no quiera hacerte caso, es que ahora no puede. En ese instante toca acompañarlo para que se sienta lo mejor posible. Déjate del «Ya se apañará» o «No lo toco para no reforzar el miedo». Tu compañero perro te necesita y te pide ayuda, así que dásela.

- **No entiende qué se le está pidiendo.** Muchos humanos piden a su perro cosas que no le han enseñado, como si por arte de magia el perro estuviera dentro de la mente humana. Así que en ocasiones no nos hará caso porque no entiende qué significa «Ven aquí». Así de sencillo.

  Es cierto que nos observan y que saben interpretar nuestra intención por el lenguaje no verbal que emitimos. Otra historia es cuando les pedimos algo a través de la comunicación verbal, pues está fuera de su naturaleza. Recuerda que ellos no entienden nuestras palabras si antes no les hemos asociado un significado. Espero que, después de leer este libro, te pongas patas a la obra para crear un vínculo basado en la confianza y la diversión.

- **Está demasiado emocionado para pensar.** Hay perros a los que todo los motiva. Me fascinan, y espero que si compartes la vida con uno de ellos le dejes ser y no inhibas esas ganas de vivir que tiene. Para que pueda pensar en situaciones emocionantes, practica la concentración paulatina. En estos casos, lo importante no es lo que hagas, sino cómo. La calma es nuestro faro en todo lo que vivimos juntos. Cuando entrenes, juegues, corras, vivas… ten en cuenta esa línea roja que no es bueno que crucéis ni tu compañero perro ni tú.

  Vespa y una servidora somos del género «emocionado de la vida». Las dos consideramos importante trazar una línea imaginaria que no es bueno sobrepasar e incorporar la calma en todo lo que hacemos. Esto es más importante que la acción en sí. Si vas introduciendo momentos de concentración y calma donde antes solo había sobreexcitación, será más probable que pueda escucharte.

El perro que destroza la casa

Los destrozos son la punta del iceberg de un problema oculto. El primer paso es identificar su origen, ya que solo ves el resultado, y en función del motivo que los haya provocado podremos acompañarlo de la manera más adecuada. Para ello podemos grabarlo mientras está solo en casa. En la actualidad existen múltiples maneras de hacerlo sin invertir mucho. Voy a enumerar las posibles causas:

Aburrimiento

Es más frecuente en perros jóvenes, aunque lo he visto en perros de todas las edades. El motivo es que no se cubren sus necesidades reales. Digo «reales» porque a veces nos quedamos con lo que creemos que el perro necesita y no intentamos averiguar qué requiere él en particular. En este caso la solución es sencilla: cubre todas las necesidades de tu compañero perro, tanto físicas como mentales y emocionales. También deberías procurar que asocie la casa con un lugar de descanso y calma, no de excitación y juego constante. Si el perro relaciona la casa con el sitio donde puede descansar, será más fácil que se quede tranquilo en ella.

Ansiedad por estar solo

Este es un melón muy grande. Si crees que tu compañero perro puede sufrir de ansiedad al quedarse solo, ponte en contacto con un buen profesional lo antes posible.

En este caso no hay fórmulas mágicas. Cada perro es único, y en su comportamiento influyen muchos factores. Toma nota de estas recomendaciones generales:

- Fomenta su autonomía.
- Haz que vea como algo natural que te vayas.
- Procura que sienta la casa como un lugar seguro.
- Vigila los sonidos externos.
- Observa a los vecinos.

El perro sobreexcitado

Los perros con ganas de vivir a tope, explorar, conocer, hacer, etc., son maravillosos. Pero cuando esto se junta con falta de calma y sobreexcitación, no es bueno para él ni para su entorno.

A veces confundimos motivación con pasarse de vueltas, y esto nos lleva a reforzar estados de ánimo ansiosos, lo que provoca que haya perros que vivan constantemente acelerados. Que esto ocurra de manera puntual forma parte del sentir de los piracanes. La dificultad aparece cuando este sentimiento se produce durante todo el día: al perro le cuesta bajar las revoluciones y se queda en un estado de excitación que es perjudicial tanto para él como para su entorno.

En este apartado te explicaré cómo acompañarlo para que encuentre esa calma diaria, centrándonos en ocuparnos de él, no en modificar lo que vemos.

Fíjate en cómo, no tanto en qué

En muchas ocasiones nos centramos en lo que hacemos —tal actividad, tal ejercicio, tal paseo—, pero lo importante es cómo lo hacemos. ¿Qué nivel de calma muestra tu compañero perro? Eso es lo que lo ayudará a bajar las revoluciones y a disfrutar de lo que esté haciendo, aunque a veces cuesta saber cómo ajustar sus necesidades.

¿Tiene las necesidades desajustadas? Lleva un diario de actividad

Cubrir las necesidades reales y ajustadas de cada piracán es difícil. En ocasiones no acabamos de dar con la cantidad, y eso provoca que nuestro compañero se pase de vueltas. Te propongo que audites cómo te ocupas de cubrirlas.

Para ello, puedes usar un diario y anotar en él a qué dedicáis el día. Es fácil que la mente te engañe y que creas que estáis paseando o socializando lo suficiente, pero cuando veas la realidad plasmada en el papel te darás cuenta de si te has pasado o te has quedado corto. Anota la impresión que tengas de cada compañero perro y así podrás relacionar las actividades que realizáis con las emociones que estas despiertan en ellos.

Uno de los piracanes que participó en mi última expedición canina padecía picos de ansiedad en diferentes momentos del día durante la semana, cuando vivía en la gran ciudad. En cambio, los sábados y domingos la familia se iba al pueblo, y allí cambiaba su estado de ánimo. Estaba claro que le afectaba el ambiente y cómo sus humanos cubrían sus necesidades reales de paseo, actividad física... En cuanto se dieron cuenta, pudieron ajustarlas.

¿Has potenciado demasiado la excitación?

Revisa el estado de ánimo del perro durante el día. Sé que es intangible, difícil de medir, pero si tiras de entraña, te formas y lo observas con atención, lo conocerás, y si se sobreexcita, te darás cuenta.

En mi caso, me trazo un límite imaginario y decido que no quiero que mis compañeros lo crucen. Si lo hacen, sé que no les hace ningún bien. Es importante que identifiques cuándo se están acercando a ese límite. Aunque mentalmente no puedas explicar por qué lo sabes, lo cierto es que identificas el momento gracias a tu entraña. Hazte caso y acompaña a tu perro para que la calma sea habitual en su día a día.

La falta de descanso

El descanso es una actividad a la que no le damos la suficiente importancia. En concreto, es fundamental en edades extremas, como cuando son cachorros o llegan a la etapa sénior.

Descansar ayuda a tranquilizarse. Cuenta la leyenda que, cuando un perro se cansa mucho, después está más tranquilo, pero no es así. Cuanto más descanse, menos le costará relajarse. Propicia que tu compañero piracán pueda descansar todo lo que necesite. ¿Cómo puedes hacerlo?

- **Reserva un lugar para el descanso.** Nuestro día suele ser exigente, ruidoso, con idas y venidas, y eso se multiplica por mil si convivimos con niños. Todo ese estrés afecta a los perros, por lo que es fundamental que cuenten con espacios de descanso donde nadie pueda molestarlos. Asigna un lugar en el que el perro sepa que puede descansar sin que lo interrumpan o lo molesten. Tiene que ser REAL, es decir, que toda la familia lo respete cuando esté allí.

  Cada perro escogerá su propio lugar para descansar. Los gustos más populares son dormir en un sitio alto, acompañados y resguardados, pero recuerda que cada piracán es un mundo. En casa hay como veinte espacios de descanso canino entre camas caninas y humanas, sofás, ruedas de camión convertidas en cama, transportines, guaridas… Es muy interesante ver que cada uno frecuenta más unos que otros en diferentes momentos del día.

- **Reserva un tiempo para el descanso.** Organizad vuestro día para que haya momentos de descanso en los que el piracán descanse DE VERDAD. Si salís de viaje, será fundamental que los respetéis. El ambiente debe estar preparado, y el perro no tiene que estar alerta ni preocuparse por lo que se encontrará. Por ejemplo, tumbarse en una terraza de la plaza del pueblo no es descansar, ya que lo rodean muchos estímulos. Aunque hay perros que son capaces de dormitar en esos momentos, no es una situación que propicie un descanso de calidad.

  Respeta su descanso. No lo despiertes ni molestes mientras duerme, y mucho menos si te das cuenta de que está soñando, porque eso significa que ha entrado en una fase de sueño profundo.

La calma llama a la calma

Como te decía, se cree que para que un perro esté tranquilo necesita agotarse físicamente. Y eso es genial: Vespa y Domi pertenecen a la élite deportiva canina. Está claro que quemar energía ayuda, pero si tu perro no es capaz de calmarse, fomentarás que cada vez necesite más actividad. Cuanta más calma le ofrezcas, más sencillo le resultará volver a ella.

No quiero decir que el perro tenga que estar todo el día sin hacer nada, eso infringiría la primera norma piracán: tener sus necesidades cubiertas. Me refiero a que, una vez te hayas ocupado de sus necesidades físicas, mentales y emocionales, la calma ha de primar en su día. Poténciala por encima de todo y elimina la creencia de que solo el cansancio físico relajará a tu piracán.

Domi acaba la visita compartiendo un momento de relax enroscado en su cama-neumático. Después de pasar por esta isla, lo que antes percibías como problemas ahora son retos. Cuando interiorizas que los conflictos tienen su origen en necesidades mal cubiertas es más fácil acompañarlos de una manera tranquila.

Céntrate en conVIVIR.

¡Vamos a por la última isla de este viaje!

Isla 4

El Juego

Acompañados por Vespa, profundizaremos en el juego y en sus aplicaciones prácticas. El juego beneficia a los perros en muchísimos aspectos: aprenden, prueban, los estimula, les hace sentirse seguros, los ayuda a conocerte… En la isla Esencia Piracán ya vimos los tipos de aprendizaje canino, así que ahora me centraré en mi favorito, el aprendizaje lúdico: aprender jugando.

(Vespa tiene un tono de voz agudo. Su cabeza va más deprisa que sus palabras y casi se atraganta. Se notan su pasión y sus ganas de vivir a tope en cada palabra).

Vespa es una *border collie*, una raza conocida por ser muy activa. Esta fama ha hecho que muchos humanos sobreestimulen a estos perros y que se olviden del verdadero sentido de las actividades físicas, mentales y emocionales. Para mí, han de ser un juego que aporte calma, no excitación. Esta premisa requiere, una vez más, un conocimiento profundo. No sirve con imitar ciertos ejercicios, porque lo importante es cómo se lleven a cabo, no en qué consisten.

Ya sé que eres un explorador inconformista, por eso estás aquí aprendiendo y cuestionando tus creencias caninas, y que no quieres quedarte en la superficie, sino conocer el porqué de las cosas y saber ajustarlas a tu compañero canino.

En esta isla voy a profundizar en el aprendizaje, el juego y sus expresiones prácticas.

¡Vamos allá!

¿APRENDER SIN JUGAR? ¿JUGAR SIN APRENDER?

Para mí, el juego y el aprendizaje van de la mano: cuando juegas, aprendes, y cuando aprendes, juegas. El aprendizaje lúdico es prioritario en nuestras vidas. A través del juego captamos más información de nuestro perro que cuando nos fijamos en qué está haciendo. De hecho, la presencia del juego destaca en más momentos de los que imaginas.

Cuando pensamos en juegos con nuestros compañeros caninos nos viene a la mente un perro que persigue una pelota y, quizá, algún juego de tira y afloja con un juguete. Bueno, esto puede ser un juego (o no), pero quiero que vayamos a la raíz y así sepamos ajustarlo a cualquier piracán.

Cualquier situación se puede convertir en juego, todo depende de cómo se la planteemos. Los perros aprenden en todo momento y qué mejor que hacerlo viviendo su vida como el juego que es.

Hay muchos humanos que separan el aprendizaje del juego, también para sus congéneres. Creen que el aprendizaje es algo serio y aburrido que tiene que hacerse sentado, quieto y sin reírse. Discrepo. Aprender conlleva emotividad y diversión. Cuando algo te emociona y divierte lo aprendes sin esfuerzo.

Esta es la manera de aprender que te planteo en este libro, el aprendizaje lúdico. Como verás, el juego es el motor del aprendizaje.

¿QUÉ ES EL JUEGO PARA UN PERRO?

El juego se da tanto en perros como en humanos. Para mí, forma parte de las necesidades básicas de ambas especies.

Para que el perro sienta algo como juego, tiene que cumplir ciertas premisas:

1. **Es voluntario.** Por mucho que obligues a un perro a algo, si no lo hace porque le sale de la entraña, no será un juego. Por eso quedan fuera todas las metodologías que se aplican con fuerza y que dejan la voluntad del perro fuera de la ecuación, ya sea utilizando la violencia o el refuerzo.

2. **Se puede parar cuando uno quiera.** Es decir, el perro puede dejar lo que está haciendo en cualquier momento sin ganarse una reprimenda. Se quedan fuera la obediencia obligada y el «Hasta que yo lo diga».

3. **Es diferente a la realidad.** Durante el juego se puede ladrar, gruñir o dar una voltereta. Todo es posible porque no va en serio. De ahí que sea importante aprender lenguaje canino

para saber si ese gruñido forma parte del juego o ha dejado de serlo, y lo que intenta expresar es incomodidad.

4. **Se da en una atmósfera familiar y segura.** Esto es importante, ya que un perro que sienta miedo es imposible que esté jugando. Solo se da cuando se siente seguro y no necesita estar pendiente de sobrevivir. Lo que quiera enseñarse a la fuerza con el miedo como hilo conductor nunca será un juego.

5. **Es divertido, un premio en sí mismo.** Si queremos que sea divertido para el perro, debemos motivarlo desde dentro. También puede hacerse desde fuera, pero si no hay semilla dentro, será difícil que produzca un disfrute integral. Deberás conocer a tu perro para saber qué lo motiva de manera natural.

6. **Es creativo.** Durante el juego puede ocurrir de todo. Puede repetirse, usar señales de otros contextos…

7. **Su objetivo es JUGAR.** Este es un matiz importante, sobre todo para ti, como humano. Cuando jugamos no tenemos más objetivo que jugar. Es decir, no lo hacemos para que nos haga más caso ni para conseguir otro objetivo. En ese caso, deja de ser juego para nosotros.

Puede que gracias al juego consigas resultados que ni te imaginas, como reforzar la confianza y que quiera estar a tu lado, que coja seguridad en la calle y que sea capaz de pasear tranquilo, y muchísimas más cosas que iremos descubriendo a lo largo de esta isla. Quizá pienses que estas premisas son solo para cuando planteamos un juego específico, pero a mí me gusta llevarme el juego a la vida: intento que todo lo que vivimos mis compañeros perros y yo sea un juego. Algunos autores llaman a esto «actitud lúdica ante la vida».

La premisa que más tengo en cuenta es que sea **voluntario**, porque es la que lleva a todas las demás. Lo que haces porque quieres fluye de una manera relajada y divertida. Supongo que estás pensando que no siempre es posible. En realidad, sí, lo que requiere es tiempo y conocimiento por tu parte para poder acompañar de esta manera.

En esta isla ahondaremos en momentos tan cotidianos como el paseo por la ciudad y por la naturaleza, el baño... Todo puede ser un juego. Es cuestión de actitud.

Tipos de juego

Me gusta clasificar el juego en dos grandes grupos:

- **El juego libre.** Se da de forma espontánea y puede compartirse entre perros o realizarse en soledad. Para que se produzca, el perro debe sentirse seguro y confiado. Si un perro está asustado o incómodo, su energía no se focalizará en jugar, sino en sobrevivir. Por el contrario, cuando se siente libre, puede probar y experimentar.

  El juego libre puede mostrarse de muchas maneras: con un objeto (como una piña), con otro perro, explorando en el monte... No es solo algo que se hace, sino una manera de vivir lo que se hace.

- **El juego propuesto.** Este tipo es el más popular. Seguro que alguna vez te has imaginado a tu perro jugando contigo o buscando algo que hayas escondido. Para mí es igual de valioso que el libre, solo diferente. Podemos hacer propuestas de muchos tipos, como juegos de olfato, de conciencia corporal, deportivos, mentales... Tranqui, en esta isla ahondaremos en ellos y te daré ejercicios concretos.

Ahora que sabes identificar qué es juego y qué no, vamos a profundizar en algunos matices importantes.

El juego es la semilla de todo lo demás

Hace años, un «novio engañao»* vino a una de mis formaciones, cuyo título era «Si me dice "Ven", lo dejo todo». Para empezar, revisamos cómo jugábamos y luego nos pusimos a jugar. Al cabo de un rato, el «novio engañao» vino con la ceja levantada y me dijo que él quería mejorar la llamada, que qué narices estábamos haciendo. Me pareció una reflexión brillante.

Entonces le expliqué que el hecho de que el perro vaya cuando lo llama es consecuencia de la confianza y el entendimiento. A través del juego nos entendemos, sacamos energía, confiamos unos en otros... Esto hace que cuando el perro está sin correa quiera estar contigo de manera natural y que, además, cuando lo llames, te haga caso.

Los humanos nos centramos siempre en el resultado y queremos llegar ahí sin recorrer todo el camino, como acostumbrar a un perro a estar solo dejándolo solo o enseñarle la llamada asociándola al premio. Y, oye, hay una pequeña parte que dedicaremos a eso, pero, sin una base sólida, será una ilusión. Es como ponerte una chaqueta para tener confianza en ti; sí, puede ayudarte y darte un empujón, pero si no tienes herramientas para hablar en público ni el conocimiento que quieres compartir, la chaqueta servirá de poco.

¿Qué beneficios tiene jugar con mi compañero perro?

Podría escribir otro libro sobre este punto. Quizá habría que reformular la pregunta así: ¿qué perjudica jugar con mi compañero perro? Nada. Siempre que te asegures de que el perro lo está sintiendo

* «Novio engañao»: dícese de esa pareja que viene a la formación con la ceja levantada porque es reticente a acompañar a los perros de esta manera.

como un juego, beneficiará a vuestro bienestar individual y como equipo.

- Hace que tengáis una relación sólida que se convertirá en que te haga caso cuando lo llames porque quiere, no porque se lo impongas.
- Entrena la capacidad de concentración que luego se ve reflejada en otros momentos de la vida.
- Hace que el perro sepa cómo interactuar con el humano. Por ejemplo, aprende a no morder las manos o los pies.
- Sacia la necesidad de pensar y explorar con la boca.
- Vivir aventuras en el exterior ajustadas al perro hace que se sienta cómodo en cualquier situación, disfrute de un paseo tranquilo y conozca a otros perros y humanos con calma.

RETOS PRÁCTICOS

Por fin hemos llegado a la parte que más te interesaba: los ejercicios prácticos. Con todo lo que has aprendido hasta ahora podrás enseñar lo que te propongas. Por eso en este apartado he escogido unos ejercicios básicos para introducirte en el aprendizaje canino.

A los que seguís nuestras aventuras desde hace tiempo os servirán para repasar y pensar en cómo hacer evolucionar los ejercicios.

Juego con pelota

La mayoría de los humanos, cuando se imaginan a un perro jugando, piensan en uno que persigue una pelota o un palo, lo coge, lo trae y vuelta a empezar, así hasta el infinito y más allá. En cualquier lugar —playa, plaza del pueblo, parque...—, pelota arriba y pelota abajo.

Me horroriza este tipo de juego, pero no por el juego en sí, sino por cómo se hace. Por lo general, se tira la pelota para que el perro corra y se canse. Además, las familias que abusan de este tipo de práctica no suelen hacer más que esto, lo que provoca que el perro se obsesione con la pelota, sobre todo si su predisposición genética lo propicia. Esta obsesión hace que olvide el medio en el que está y le impide disfrutar de los olores del lugar, de explorar, de relacionarse... Diría que es como un niño en un parque increíble enganchado a una pantalla (aunque por desgracia esto también es muy habitual).

Los perros tienen la gran habilidad innata de vivir aquí y ahora, sin más. La práctica de tirar la pelota favorece que dirija su atención hacia el lugar y la forma equivocados; no estimula sino que sobreexcita al perro

Voy a desarrollar un poco más el tema.

¿Por qué no me gusta la práctica de tirar la pelota?

Te explicaré por qué puede ser perjudicial esta práctica. Tenlo en cuenta y, si recurres a ella, hazlo de una manera beneficiosa para tu compañero canino.

- **A nivel físico.** Si se realiza en una superficie que no sea un poco mullida, hará que el impacto en sus articulaciones sea perjudicial, sobre todo, si provocamos que el perro salte para cogerla, pues se producirá un impacto continuo. El peor lugar para practicarlo es una plaza, donde el terreno es duro e incluso rugoso.
- **A nivel emocional.** Los perros suelen enloquecer cuando tiras la pelota. Es frecuente verlos ladrando cual posesos para que

se la vuelvan a lanzar una y otra vez. Ese estado emocional no es bueno para el cuerpo ni para la mente. Como ya te he dicho, la calma es el hilo conductor de todo. Se puede estar motivado, concentrado y calmado al mismo tiempo. Sin embargo, este tipo de prácticas no contribuyen a ninguna de estas tres emociones. Si quieres que tu perro disfrute de paz mental, tan beneficiosa para todos los seres vivos, deja de tirar la pelota a lo loco.

- **A nivel mental.** En apariencia, verás al perro superfocalizado en la pelota. De hecho, hay humanos que la usan para que no la líe con otras cosas. Y así es, está entregado a la pelota, aunque eso no contribuye a su desarrollo mental, que le aportará concentración y herramientas para reaccionar en diferentes momentos de la vida. Soy partidaria de juegos que estimulen la autonomía y la concentración.

¿Cómo saber si tu compañero perro está obsesionado con la pelota?

Estos son los signos que demuestran que lo está:

- Ladra y se sobreexcita cuando vuelves a lanzarla.
- No sabe dónde está. Está tan focalizado en la pelota que no huele ni interactúa con el lugar.
- Cada vez que llegas al lugar donde suelen tirarle la pelota, te la pide con insistencia, ya sea con el ladrido o con toques del morro.
- Sigue la pelota con la vista y se olvida del olfato por completo.

¿Cómo puedes quitarle esta obsesión?

El primer paso es el que estás dando: formarte y cuestionar lo que siempre has hecho sin pensar más allá. Es más de lo que muchos humanos harán por sus perros.

- Elimina la pelota de la vida del perro. Sí, así, sin más.
- Cubre sus necesidades reales a tope.
- Cambia la rutina que tenéis tan asociada a tirar la pelota.
- Busca alternativas saludables a esta práctica. Si quieres seguir usando la pelota, hazlo en un juego de olfato. Escóndesela en vez de tirarla. O si realmente quieres quitar la pelota de la vida de tu perro, organiza paseos por diferentes lugares para estimular el olfato.
- Descubre otra manera de relacionarte con él: aprende juegos de olfato, movimiento, propiocepción… Hay muchísimas opciones.
- Cambia el momento «Paro y tiro la pelota» por el de «Caminamos y exploramos el mundo».
- Respeta vuestros momentos de recaída.
- Abraza el proceso, no centres tu energía en el objetivo. Disfruta al descubrir otras maneras de relacionaros.

Ten en cuenta que os encontraréis pelotas por el camino y que tu compañero perro reaccionará a ellas. Para mí es fundamental que haya una buena comunicación entre vosotros. La señal «Suelta y pasa» os ayudará en estos momentos críticos: «Suelta», por si la coge, y así soltarla sin conflictos, y «Pasa», para ignorarla en ese instante.

¿Cuándo está bien tirar la pelota?

Tirar la pelota no es una práctica mala en sí misma. Hay perros y humanos que han creado una relación sana con esto de tirar la pelota, y es genial.

- Cuando el perro está tranquilo tanto antes como después de tirar la pelota.
- Cuando podemos parar el juego y el perro se va a otra cosa, mariposa.

Ideas de momentos para tirar la pelota:

- Mezcla tirar la pelota con el olfato. Aprovecha la hierba alta para tirar ahí la pelota. Así el perro activa el olfato para encontrarla.
- Úsala para realizar juegos de olfato de todo tipo.
- ¡Perro al agua! Me parece un buen estímulo para nadar, pero ten cuidado de que no se obsesione.

Juegos de movimiento

El movimiento ajustado a cada individuo es vida. En el caso del perro, ejercitar el cuerpo es fundamental para su bienestar y vivir aventuras de calidad hasta una edad avanzada.

Dentro del movimiento hay muchos aspectos que quiero compartir contigo. Para empezar, vamos a ver las diferentes fases del movimiento de un perro.

Fases del movimiento del perro

Para practicar cualquier deporte, sea cual sea, es importante que te ocupes de su musculatura. Los perros, al igual que nosotros, también sufren agujetas, padecen dolor de articulaciones e incluso pueden lesionarse. Si nos ocupamos de cuidar de su musculatura cada vez que vayamos a movernos, los ayudaremos a mantener una buena condición física y llegar a una edad avanzada como unos abuelos fortachones y sexis.

Lo que voy a compartir contigo son consejos generales. Si tu perro tiene una lesión o un problema físico, consulta con un buen fisioterapeuta canino para prevenir dolencias y que pueda acompañarte en tu caso. Eres responsable del cuerpo de tu perro, así que aplica estos consejos de forma ajustada.

La musculatura es la gran olvidada en los perros. Cuidarla y ejercitarla le hará disfrutar de una calidad de vida mayor y llegar a la edad de oro más fuerte que el vinagre. Para activarse, la musculatura necesita un proceso.

¿Qué necesitas tener en cuenta?

- **Pasead a un ritmo suave antes de empezar a moveros rápido.** Aunque vayáis a caminar, ya sabemos que los perros salen del coche a tope. Te propongo que los primeros veinte minutos, por ejemplo, sean de paseo suave. Podéis aprovechar para olfatear y descubrir el lugar de forma calmada.

- **Realizad ejercicios sencillos para activar la musculatura.** Estos ejercicios los puedes enseñar con la técnica del señuelo o el «Sigue lo que tengo en la mano» y, poco a poco, ir añadiendo comprensión, para conseguir un dos en uno: juego de musculatura + juego de pensar.

Para activar la musculatura del core *(abdominal):*

- **«Sienta-tumba».** Es un cambio de posición exigente. Para aprender a practicarla consulta la ficha correspondiente al final del libro. Si tu perro tiene alguna dolencia de espalda, está desaconsejada.

- **Subir a una superficie inestable**, como un trozo de espuma, una colchoneta…

Para activar la musculatura lateral:

- **Vuelta sobre sí mismo** a derecha e izquierda. Puedes empezar girando solo un poco e ir aumentando el nivel del ejercicio.

- **Rodea un objeto.** Empieza rodeando con una vuelta muy amplia y, poco a poco, ve reduciendo el ángulo. Para aprender este ejercicio consulta la ficha al final del libro.

Para activar todo el cuerpo:

- **Realiza un masaje activante.** ¡ATENCIÓN! Para este tipo de contacto, es importante que el perro esté habituado y confíe en quien lo realice. También debes valorar si su estado de ánimo es bueno en ese momento, porque no vale la pena que, por activar la musculatura, empeoremos su estado emocional. Por ejemplo, a Domi todavía no he logrado realizarle este tipo de masaje.

  Consiste en hacerle friegas a contrapelo por todo el cuerpo. Te propongo que te sientes a su lado para que no se sienta invadido. Si lo masajeas por todo el cuerpo, la musculatura se activa de manera homogénea. Es una pasada observar una foto de temperatura corporal para ver si su temperatura se activa: el calor se distribuye de forma distinta por el cuerpo del perro sin masaje y con masaje.
- **Realiza un juego suave con un juguete motivador.** Jugar con un juguete teniendo en cuenta la musculatura puede ser

una buena manera de acabar la fase de activación. Así, además, conectaréis a otro nivel. Ten en cuenta no alzar demasiado el juguete para que el cuello y la espalda se alineen. No des tirones bruscos, acompaña el movimiento del perro para activar su musculatura.

Te propongo que este juego lo hagas al final, empieza por los ejercicios locales y acaba con este de todo el cuerpo.

Al lío

Aquí incluyo el movimiento propuesto, incluyendo algunos de los distintos deportes que podéis elegir, y el movimiento libre.

Movimiento propuesto

Me refiero al movimiento que le proponemos a través de juegos, obstáculos, estiramientos, masajes, deporte, paseos unidos por la correa…, que ellos hacen LIBREMENTE. Lo recalco porque, aunque estemos en la élite de la competición, la magia y lo bonito es que lo hagamos los dos. ¡Nos encanta jugar juntos!

Una vez puesto en práctica, el perro marcará el ritmo. No hay objetivos más allá de disfrutar, al menos para mí. No seas el protagonista de su vida, ponlo en el centro y pregúntate si disfrutará haciendo esa actividad.

Para mí, la única premisa para practicar deporte es que sea un juego. Me es indiferente que sea una profesión canina, un deporte de competición o una exhibición ante millones de personas. El protagonista de la vida del perro es el PERRO.

El gran reto es conseguir que sienta como un juego lo que vais a hacer juntos. Esto significará que has conseguido encontrar qué lo motiva, cómo ajustar la actividad para que disfrute y crear una relación entre vosotros. ¡Ya sois un equipo unido!

Podemos practicar muchos deportes, pero para no alargarme he escogido algunos de ellos. ¡Vamos allá!

Canicross

El perro lleva un arnés especial para correr, estáis unidos por una línea de tiro elástica, y tú llevas un cinturón para que sea cómodo también para ti. El reglamento dice que el perro tiene que ir tirando siempre delante.

El juego consiste en correr lo más rápido posible por un circuito. Lo que me parece más interesante es la comunicación que se da entre el humano y el perro, y la complicidad que se crea. Ten en cuenta que no es lo mismo que correr junto al perro porque, en este caso, hay unas normas, y algunas no las comparto.

Vespa compite en *canicross* con el humano desde hace cinco años. Cuando se unieron con la correa la primera vez se enamoraron, y no se han vuelto a separar. La primera vez que los vi correr juntos se me puso la piel de gallina, y cuando salieron en una carrera de *canicross*, me emocionó ver esa mirada cómplice, ese correr unidos... Ya estoy llorando al recordarlo.

Y qué decir de lo que disfruta ella corriendo junto a él. Forman un equipo que va más allá de la pista. Vespa disfruta a todos los niveles. Este año será su última carrera, ya que los perros pueden competir hasta los diez años. Luego seguiremos entrenando juntos mientras el cuerpo aguante.

Sobra decir que jamás hubiera podido ser su compañera en este deporte, pues no me gusta tanto como a ellos. Para mí, lo único importante en el *canicross* es que perro y humano disfruten juntos y que el estado emocional de ambos sea beneficioso, sobre todo para el perro. Es inevitable sentir mariposas en el estómago antes de salir a correr, pero a veces la sobreexcitación es tal que lo que se gana corriendo se pierde por el estrés que se llevan.

Bikejoring

En esta disciplina, el perro va unido a la bici que lleva el humano. Es bastante más exigente para el piracán que para su compañero.

Es solo para perros que estén en una forma física fabulosa y que, además, tengan un tamaño suficiente como para dar pasos largos. Domi compite en *bikejoring* con el humano. Hemos entrenado mucho para que se motive a correr con la bici, pero te confieso que ha sido complicado dar con la tecla para lograrlo.

Agility

El deporte consiste en superar una serie de obstáculos y realizar distintos ejercicios con el humano como guía.

La dificultad en este deporte es que el perro logre pensar. Para que esto ocurra debe estar tranquilo, activo y en movimiento a la vez. De nuevo, lo vive como un juego en el que se motiva lo que le sale de la entraña.

Discdog

El juego consiste en que el perro coja el *frisbee* haciendo diferentes posturas y formas. Es un deporte exigente de impacto, de manera que tendremos que extremar la prevención y fortalecer su musculatura para que no se lesione y evitar que el esfuerzo le pase factura en el futuro.

La dificultad es conseguir que se focalice en el *frisbee* pero que no se obsesione, que sepa conectar y desconectar del juego. La confianza y la comunicación con el humano es clave, ya que será continua.

Mi equipo favorito lo formaban mi amigo Jesús y su perra Raimunda (Rai para los amigos), de Superválidos. Jesús era un humano con unas ganas de vivir que invadían cualquier espacio. Iba en silla de ruedas, pero eso no le impidió tener una vida llena de aventuras. Uno de sus sueños era practicar este deporte junto a su compañera, Rai, así que encontraron su propia fórmula para tirar los discos y que la perra se los dejase a Jesús sobre las piernas. Era un espectáculo verlos en acción. Te echo de menos, amigo, aunque sigo aprendiendo de ti cada vez que pasas por mi mente y por mi corazón.

Paddle surf

No es un deporte reglado, pero sí propuesto por el humano. Ten en cuenta que solo es apto para flipados del agua. Es exigente para el perro, no tanto para el humano. Si quieres que tu compañero lo viva como un juego, has de enseñarle a mantener el equilibrio en la tabla y a disfrutar haciéndolo. Los juegos de conciencia corporal lo ayudarán a conseguirlo.

Es fundamental que se meta en el agua de forma progresiva. El lugar ideal para empezar es fuera, para que asocie la tabla al juego que es. Luego va bien llevarlo a un río, ya que no hay olas y podrás practicar con calma.

Estos son algunos de los deportes que puedes practicar con tu perro de forma libre o propuesta. En cualquier caso, haz que sea un juego para él. Disfrutad juntos, ocúpate de descubrir qué lo motiva desde la entraña y acompáñalo desde ahí. ¡Es todo un reto!

Movimiento libre

Este se da cuando el perro tiene libertad para moverse y explorar por donde quiera. Sería genial propiciarlo desde edades muy tempranas para desarrollar las habilidades que comporta explorar con libertad: seguridad en uno mismo, conciencia corporal, fortaleza física, confianza en su familia humana…

Dejar explorar a nuestro compañero perro requiere de confianza por ambas partes y que el lugar y el momento escogidos sean seguros para él. Soy consciente de que cada vez es más complicado soltar a un perro, en especial para las familias que viven en ciudades, donde las normas son más restrictivas y hostiles para las familias caninas. Además, las zonas naturales cada vez son más escasas y están más concurridas. Te lo digo para que no te sientas culpable si hay momentos en los que tu compañero pasea junto a ti unido a la correa. El ambiente tiene un papel importante y, a veces, no podemos vivir donde querríamos, pero no por ello vamos a dejar de ocuparnos de las necesidades de nuestros perros (ni de las nuestras).

Estas son algunas prácticas que puedes incorporar a tus rutinas cotidianas para propiciar el movimiento libre de tu perro unido a la correa:

- **Déjalo decidir, dentro de tus posibilidades.** Puede elegir por qué calle iréis, qué farola olfatear, cuánto tiempo estaréis fuera... No siempre será posible, porque formáis un equipo. En ocasiones tendrás poco tiempo y no podrás dejar que se pase veinte minutos olfateando una farola. Pero a veces disfrutaréis de todo el tiempo del mundo y podréis dar un paseo sin prisas ni expectativas.
- **Usa la correa larga.** Es una buena opción si no puede ir suelto.
- **Suéltalo en los lugares y momentos que puedas.** A veces es cuestión de cambiar de ruta u horario para tener más posibilidades de pasear sin correa.
- **Deja que supere los obstáculos.** Cuando paséis por alguno, deja que lo supere a su manera, sin darle indicaciones.

Veamos ahora algunas prácticas que puedes incorporar a tus rutinas cotidianas para propiciar el movimiento libre de tu perro suelto:

- **Caminar, correr, nadar, ir en bici o patín en equipo.** Me refiero a practicar cualquiera de estas actividades sueltos, moviéndoos con libertad, pero siempre juntos. En este caso es importante que haya confianza para que, en un momento dado, puedas llamar a tu compañero y este vuelva contigo.

  Según vuestro estado físico, escoged una disciplina u otra. La de ir en bici la dejo para perros muy preparados físicamente, y la de nadar, para los que disfruten del agua. Personalmente, suelo decantarme por disciplinas en las que el perro y el humano están a un mismo nivel. Me parece una unión casi mágica: uno usa piernas y el otro patas (bueno, en el caso de nadar también los brazos). Ir en bici o en patín es asimismo una experiencia fantástica si el perro y el humano están preparados para ello.

- **Vuelta a la calma.** Finalizada la actividad, dedicad un tiempo a la vuelta a la calma tanto física como mental. Esta parte es la que más me cuesta, ya que siempre me falta tiempo y no puedo hacerlo como me gustaría. Me refiero a que se hace muy tarde, o simplemente da pereza después de darlo todo corriendo por el monte. ¿Cómo podemos volver a la calma?

  - **Con un paseo tranquilo unidos por la correa**, igual que habéis empezado. Deja que olfatee, observe y pasee despacio. Aprovecha para hacerlo mientras vuelves a casa.

  - **Con un masaje relajante, no fisioterapéutico.** En este momento, el masaje tiene que ser en la dirección del pelo. Dedica a ello unos minutos, siempre yendo hacia el corazón para que favorezca el flujo sanguíneo.

- **Estiramientos sencillos.** ¡CUIDADO! Esta propuesta requiere un conocimiento muy profundo del cuerpo del perro y de cómo se realiza el estiramiento, aunque sea sencillo. Por otra parte, tu piracán tiene que estar acostumbrado y no padecer ninguna lesión.

  Fundamentalmente, es importante que sepas dónde están las articulaciones para acompañar el movimiento desde ahí. Prueba rápida: ¿dónde está el hombro de tu perro? A la mayoría de nosotros nos cuesta identificarlo la primera vez. Te propongo que cojas una imagen del cuerpo de tu perro y vayas identificando cada parte. Y, oye, si te inscribes en alguna de mis formaciones, te lo daré bonico y explicado para que lo aprendas.

  En el estiramiento, nunca fuerces más allá de lo que tu perro tolere con comodidad, y siempre en línea recta. De todas formas, prefiero que te formes antes de realizar esta práctica. Es beneficiosa si se hace bien, pero peligrosa si se hace a lo loco.

Analicemos ahora el tipo de movimiento y las actividades que podéis hacer juntos. ¿Qué debes tener en cuenta?

- **Material.** Durante el paseo, es básico que le deje libertad de movimiento, pero cuando os mováis de una forma más activa y exigente, es imprescindible. Piensa que estará dándolo todo, y cualquier rozadura o movimiento afectará a su musculatura.

- **Ruta.** Debes ajustarla a tu perro en concreto.

  - **Físicamente:** «¿El nivel de exigencia es adecuado?».

  - **Emocionalmente:** «¿Hay estímulos que le perjudicarán?». Demasiada gente, sonidos como el de los molinos de viento...

  - **Mentalmente:** «¿Será capaz de oírme durante la ruta?». La presencia de animales salvajes o domésticos puede ser un estímulo tan grande que pierda el norte y no sea capaz de oírte ni de seguirte, lo que puede ser peligroso para él y para el resto de los animales.

- **Disfrutad los dos**. A los humanos, yo la primera, nos cuesta prestar una atención plena a lo que hacemos, y más en la época que nos ha tocado vivir. Te propongo que aproveches el paseo para estar a tope, tal como seguro que estará tu perro. Ventea tú también y disfruta del ambiente.

¿Cómo escoger una buena ruta para el perro?

He seleccionado las características que tengo en cuenta para ver si una ruta concreta es adecuada para el perro.

- **Terreno.** Calidad de la superficie por la que transcurra. Por ejemplo: asfalto, 0; tierra con hojarasca, 10.
- **Particularidades del camino.** Sonidos, movimientos, objetos, construcciones… Por ejemplo: molino de viento, puente colgante…
- **Fauna.** Animalejos de la zona, tanto domésticos (vacas, cabras…) como salvajes (conejos, corzos…).
- **Seguridad.** Carreteras cerca o un acantilado al lado del camino, es decir, todo lo que pueda ser peligroso, además de valorar si es una ruta para ir suelto o atado.
- **Agua.** Si existen puntos de agua tanto natural (riachuelos) como fuentes.
- **Sombra.** Ten en cuenta si transcurre por sombra o a pleno sol para escoger la mejor época del año para realizarla.
- **Dificultad.** Exigencia física de la ruta.

Durante estos años hemos recorrido cientos de kilómetros por toda la península. El resto de Europa se andará también. En algún momento plasmaré todo lo vivido en unas fichas con las rutas. Por ahora te dejo las características para que sepas identificar si, caninamente hablando, tu ruta es adecuada.

Juegos de olfato

Como hemos visto, el olfato es el sentido más desarrollado del perro. El perro destina a esta actividad muchísimos recursos del cuerpo.

Ejercitarlo a diario no solo le encanta, sino que es una necesidad. Para cubrirla es importante que le permitas acceder a nuevos y diversos olores que pueda olfatear con libertad. Esto último es lo que más cuesta a las familias: dejar que el perro se tome el tiempo de olfatear. Tirar de la correa a un perro que está olfateando es un sacrilegio. Cada vez que no le dejas hacerlo, le restas un punto de bienestar. En serio, déjalo olfatear con libertad.

Ahora vamos a explicar unos ejercicios prácticos que puedes realizar para estimular su olfato de forma natural y guiada.

Juegos de olfato natural

Tal y como ya he comentado, el mundo es un campo de juegos olfativos. ¡En cada esquina hay partículas de olor interesantes! Veamos algunos juegos de olfato que puedes realizar durante vuestros paseos cotidianos.

Juego «Descubre una nueva ruta en tu ciudad»

Recorre una ruta diferente por tu barrio y deja que olfatee los distintos lugares el tiempo que necesite.

Cuando vivía en Barcelona me fascinaba salir de casa sin rumbo con Bongo y Vespa, recorríamos calles y parques durante todo el día, lo que les permitía descubrir olores nuevos. Es lo único que extraño de vivir en la ciudad, esos findes cosmopolitas con *brunch* incorporado acompañada de mis compañeros caninos. Ay... cuánto te echo de menos, Bongo ♥.

Juego «Visita una tienda con tu compañero»

Vete de compras con tu perro. Hay muchas tiendas, sobre todo de bricolaje (al menos en España), en los que puedes ir con tu compañero perro. Aprovéchalo y explorad. Deja que olfatee asegurándote de que no estropee la mercancía para que nos sigan queriendo en esos lugares.

Mi tienda favorita para que la exploren olfativamente es el Leroy Merlin de Santiago de Compostela. A Domi le fascina visitarlo, todo su cuerpo expresa lo encantado que está cuando vamos.

Juego «Visita un lugar de paso humano»

Visita la estación de tren, el puerto o el aeropuerto. Este juego es el más exigente, ya que estos lugares suelen estar muy concurridos. Al ser un lugar de paso, encontraréis olores frescos y exóticos a diario. Además, hay sonidos, humanos nerviosos con maletas... Este juego solo es apto para los perros habituados a esos estímulos. De hecho, cuando un perro está saturado de estímulos, no olfatea. Este será el indicador de que te has venido arriba con el juego de olfato natural.

Juegos de olfato propuesto

Olfativamente, hay muchas actividades que le puedes ofrecer a tu perro. Los humanos no paramos de buscar propuestas distintas, pero lo interesante es evolucionarlas hasta el infinito. Es decir, si enseñamos a nuestro compañero a buscar en una caja, podemos llenarla con diferentes materiales, ponerla en alto (otro nivel), situar trampas antes de que llegue a la caja... Te recomiendo que uses comida o productos con un olor característico y vayas reduciendo el olor a una concentración cada vez menor para afinar su olfato. Un mismo ejercicio tiene tantas evoluciones como queramos.

Lo que he visto a lo largo de los años es que tendemos a centrarnos en la variedad y no en lo importante, que es:

- **Ajustar el ejercicio a él.** Muchas veces el perro ni siquiera ha entendido la propuesta y ya estamos cambiando de actividad. Esto requiere conocer el lenguaje de tu perro y su nivel de motivación.
- **Desarrollar el ejercicio en su justa medida.** Tiene que ser estimulante y asequible a la vez. Encontrar este equilibrio no es fácil, requiere que conozcas muy bien a tu perro.

Si hacemos muchos juegos sin profundizar, nos quedaremos en la superficie y no estimularemos su capacidad resolutiva.

En este tipo de juegos, te sugiero que hables lo mínimo posible. Sin darnos cuenta, se nos escapa millones de veces el «Busca» o incluso un «Aquí está». La idea es que el perro piense y resuelva el reto por sí mismo. Si no lo consigue y se frustra, será porque nos habremos venido arriba y la propuesta no se ha ajustado a sus necesidades. La pista para saber si es así te la da el hecho de que el perro se quede más excitado que cuando empezó. El efecto debería ser el contrario, que acabe más relajado.

Juego «Recipiente con sorpresa»

Este es el juego más popular y sencillo, aunque tiene algunas peculiaridades que debes tener en cuenta. Consiste en coger un recipiente y esconder algo dentro. El material dependerá del perro: para los que sean nuevos en esto, recomiendo que el recipiente sea de cartón; para los experimentados, puede ser de metal. El tamaño dependerá del perro y de su habilidad para encontrar cosas, y lo que contenga también lo determinará su pericia. Para empezar, pon comida; si ya tiene experiencia, esconde algo impregnado de un olor o un objeto cualquiera.

Eres quien mejor conoce a tu perro, así que tendrás que elegir el modo de juego ajustado a sus necesidades concretas.

A Jambo siempre le propongo el juego más sencillo, es decir, escondo papel no muy arrugado para que no haga mucho ruido y esparzo trozos de comida dentro. Entonces me quedo muy atenta y callada (lo mío me cuesta), ya que sé que cualquier movimiento de la caja o de lo que haya dentro puede generarle inseguridad. Si algo lo asusta, tiro más comida, como si fuera la caja la que saca premios. En este caso, estoy juntando el juego de olfato con positivizar este tipo de sonidos.

Vespa es una perra muy experimentada, curiosa y segura de sí misma, de manera que a ella le propongo el juego en una olla de metal con tapa, de esas antiguas y grandotas. Dentro pongo cucharas y trozos de cartón. Para buscar, le propongo rollos de papel higiénico rellenos de premios. En su caso, también estoy atenta al desarrollo del juego y voy ajustándolo.

¿Qué debes tener en cuenta?

- El material del recipiente.
- No venirte arriba y llenar el recipiente de elementos que hagan mucho ruido, pues tu perro puede asustarse. Empieza con papel, sigue con tela y acaba con metal.

¿Qué puede buscar el perro dentro del recipiente? Al principio puedes usar comida como recurso fácil y, poco a poco, ir complicándolo para que encuentre objetos o algo con un olor específico, o montarle un juego dentro del juego.

¿Qué puedes hacer mientras juega? Solemos pensar que, para desarrollar su autonomía, debemos dejarlo solo ante el peligro, pero no es así. Lo ideal es que estemos presentes y disponibles, pero que no interfiramos. Vamos, que mires atento y CALLADO (sin dar pistas), y si en algún momento te necesita, actúa.

Juego «Asociar un olor»

En este caso jugaremos con el principio de la detección, es decir, que el perro aprenda a encontrar un olor concreto, ya sea el de un humano desaparecido, el de una trufa, el olor a cáncer, a dinero o a droga. Todos los perros que tienen un trabajo de este tipo han empezado por la base: asociar el olor a la señal de «Marcar». Con esto me refiero a comunicarse con el humano para decirle dónde está lo que busca.

En el juego de buscar humanos, la dificultad radica en que cada vez el olor es distinto, así que el perro aprende a buscar el olor de referencia que le ofrece su guía en ese momento.

En cambio, en la detección se usan olores característicos que el perro aprende a encontrar cada vez en concentraciones más pequeñas.

Sea cual sea el juego, el primer paso es el que te propongo: asociar el olor a cosas buenas y divertidas. Para ello, sigue estos pasos:

1. **Escoge el olor que quieras asociar.** Te propongo que sea un olor fuera de lo común. Por ejemplo, en la detección deportiva se suele usar salvia.

2. **Prepara varios recipientes con agujeros sin olor.** Puedes preparar el que quieras, pero mi propuesta es un cono tipo mon-

taña pequeña con un agujero en el centro. Si no lo consigues, puedes hacerte uno de cartón. Es importante que no esté contaminado con el olor que quieres asociar.

3. **Esconde el olor escogido bajo el recipiente agujereado.** También puedes engancharlo en la pared para que se quede fijado. Usamos esta forma para que al perro le cueste menos detectar el olor, ya que sale por el agujero.

Una vez lo tengas todo listo, es tu turno. Prepara muchos premios comestibles de tamaño pequeño. El objetivo es que puedas lanzarlos rápidamente cada vez que el perro se acerque al cono. Entrena tu atención plena, ya que tendrás que estar hiperconcentrado para que no se te pase ningún momento. También puedes premiarlo con juego o caricias, dependiendo de lo que lo motive.

Cada vez que el perro se acerque al cono, ¡zas!, tira el premio. No hace falta que hables, limítate a actuar. Al principio quizá solo lo mire de lejos, pero no importa. ¡Zas!, tira el premio. De esta manera irás premiando aproximaciones. Este es un ejercicio fantástico para entrenar la concentración y la atención plena. Es importante que seas muy rápido y vayas paso a paso. De lo contrario, tu compañero perro se frustrará y no entenderá el juego.

Con el tiempo verás que empieza a entender que el juego consiste en acercarse al cono. La evolución final es que ponga el morro en el agujero para recibir todo ese olor característico. En otros momentos podremos pasar a diferenciarlo de otros olores o, más difícil aún, del no olor.

En este caso hemos escogido como marcaje o señal que el perro meta el morro en el cono, pero podría ser otra cosa, como ladrar, rascar, mirarnos, dar una vuelta…

Por ejemplo, hace años acudí a un seminario de detección donde conocí a un profesional policía que tenía a su perro entrenado para detectar hachís (quiero puntualizar que su perro era de una raza poco común entre los que realizan este cometido). En su caso, el marcaje que le enseñó fue que jugara con el humano al que le detectara el hachís. Lo que hacían era pasear por los parques y, cada vez que el perro reconocía la droga, iba al humano en cuestión y le pedía que jugara con él. El perro era tan mono que nadie pensaba que, en realidad, lo estaba delatando.

Cabe destacar que un perro profesional solo detecta cuando está de servicio. Es decir, si está entrenado para detectar dinero, no busca dinero todo el día, solo cuando está jugando al juego de detectar.

Juego «Ritual de inicio»

Para que los perros sean conscientes de que están jugando al juego de detectar se usa una rutina de inicio, es decir, se crean unas señales que sabe que solo se dan cuando va a dar comienzo ese juego.

Yo soy muy caótica y despistada, no me van las estructuras rígidas, así que en vez de «rutina» me gusta más referirme a ello como «ritual de inicio», que en mi caso sería ir a una habitación concreta de la casa o decir «Vamos a buscar». Como ves, no es muy meticuloso, pero sí suficiente para que mis perros sepan que vamos a empezar.

Cuando el perro se dedica profesionalmente a detectar, cobra más importancia hacer esta rutina de inicio para que aprenda a desconectar y sepa si está «trajugando» (trabajar + jugar) o no. Para ello, muchos utilizan un arnés que solo les ponen en ese momento. Lo ideal sería que el perro tuviera las articulaciones libres para que pudiera moverse con libertad. Además del arnés, el guía suele llevar un uniforme especial o incluso algún complemento que solo usa en esas ocasiones, como una gorra o un chaleco. También se puede utilizar una palabra para empezar. Con ello se crea un ritual de inicio para que el perro entienda que el juego de detectar comienza en ese momento. Te propongo que pienses en el vuestro.

Hay quien también tiene rutina final, para señalar cuándo acaba el juego. Puede ser una palabra o una actividad conclusiva.

Estos juegos de olfato son solo una base que puedes ampliar. Si te has quedado con ganas de más, te animo a que busques un buen profesional en tu zona que pueda guiarte en este apasionante tema.

Te recomiendo que la motivación y el disfrute del perro sean el motor de aprendizaje. Evita los juegos que usen la frustración para enseñar; por definición, en ese caso dejan de ser juegos. Un ejemplo sería esconder el objeto hasta que el perro ladre frustrado porque no lo encuentra y que eso sea el marcaje para conseguirlo.

Encuentra la motivación de tu perro y proponle aquello que le gusta. Al final, hemos venido a jugar.

Juegos de conciencia corporal

Todos tenemos conciencia corporal, incluidos los humanos. Por naturaleza, los seres vivos la nutrimos todo el día. Cuando los perros exploran por la montaña o por el parque, incluso cuando pasean por la ciudad, la ejercitan.

Sin embargo, podemos proponerles juegos que la entrenen de manera específica. Estos ejercicios son muy útiles para perros inseguros, ya que los ayudan a coger confianza, tal y como ya vimos.

¡ATENCIÓN! Si tu perro padece una lesión, pide a tu fisioterapeuta canino de confianza que os acompañe y asesore en vuestro plan particular. ¿Qué necesitas tener en cuenta?

- Propón juegos que el perro sea capaz de superar por sí mismo, sin que lo guíes demasiado. Cuanto menos intervengas, más seguridad adquirirá. Por tanto, el juego tiene que estar ajustado a ese perro en concreto.

- Intenta no intervenir. Una vez más, si el juego está bien ajustado, no hará falta que guíes demasiado al perro. De hecho, cuanto más pistas des, menos beneficioso será. Si lo guías, se convertirá en un juego de pensar, no de conciencia corporal.
- Asegúrate de que los ejercicios son seguros y beneficiosos para él en concreto.

Juego «Circuito de texturas»

Este juego puede considerarse natural o propuesto. Un circuito natural podría ser pasear por un lugar en que pisara muchas texturas diferentes. Para ello, solo tendrías que ser consciente de lo que está pisando en todo momento. Te sorprenderá la cantidad de texturas diferentes por las que pasáis. Puedes hacerlo en formato urbano o rústico.

También puedes crear un circuito de texturas: en el suelo, pon plásticos, una bayeta, corchos, arena, palitos, cortezas, todo lo que se te ocurra.

Lo importante es que lo hagas de forma progresiva, sobre todo con cachorros que están descubriendo el mundo. Para ello, al principio sería ideal que esos elementos no se movieran, así que puedes pegarlos al suelo con cinta adhesiva. Poco a poco, ve añadiendo texturas en movimiento, incluso algunas que incorporen sonido. Es superimportante que el perro lo viva como una buena experiencia. Ya sabes, el ajuste de los parámetros dependerá de cada perro. ¿Qué necesitas tener en cuenta?

- **Texturas** que formarán parte del circuito: plástico, arena, piedras…
- **Movimiento.** La postura del perro tiene que ser lo más natural posible para que lo beneficie.

- **Sonido.** A veces, algún obstáculo puede generar ruido. Tenlo en cuenta para que el perro no se asuste.

Juego «Palitos»

El juego consiste en poner palos elevados y separados a una cierta distancia para que el perro pase pata a pata esquivándolos. Es uno de los ejercicios más versátiles que conozco, pues sirve tanto para rehabilitar como para convertirse en un juego de obstáculos que tenga que superar.

Puedes comprar el juego ya montado, no tiene que ser específico para perros; puede ser para humanos y ajustárselo. O crearlo tú con hueveras y palos de escoba. ¿Qué necesitas tener en cuenta?

- **Pon una superficie antideslizante bajo los palos.** Puedes hacerlo en el césped o en la arena si tienes jardín, o bien poner una alfombra como las que se usan debajo de las bicis estáticas. Esto es importante para perros de edades extremas, como los cachorros y los perros de oro. Tanto unos como otros están en una edad en la que pueden resbalar y hacerse daño físico y emocional.

- **Ajusta la distancia entre los palos a su tamaño.** Tu objetivo es lúdico, no tiene que seguir criterios de rehabilitación. Para que sea cómodo y no le perjudique, recomiendo que la distancia sea la que hay entre sus patas para que pueda pasarlos cómodamente.

- **Ajusta la altura de los palos.** Dependerá de su tamaño y experiencia con el juego. Te recomiendo que siempre empieces con el palo en el suelo y, poco a poco, lo vayas subiendo. El objetivo es que pase caminando, no saltando.

- **Ofrece variedad de posiciones.** Como te decía, es uno de los ejercicios más versátiles, ya que puedes colocar los palos como quieras. Empieza en línea recta y ve cambiándolos de posición e incluso de altura.

- **Deja que él marque el ritmo.** Él te hará saber si está preparado para que cambies la posición de los palos.

- **Acompaña sin premiar.** Cuando aprendí este ejercicio, guiaba a los perros a través de los palos con comida. Sin embargo, así el perro no se plantea dónde está poniendo la pata, sino que solo quiere seguir el premio. Ahora me gusta hacer este ejercicio acompañando al perro a través de los palos. De este modo, además, nutrimos nuestra comunicación y confianza.

- **Busca un movimiento natural.** Intenta que sus pasos sean lo más parecidos posible a los que daría de manera natural. Como te decía, hacer este ejercicio sin premiarlo es fantástico para que sea consciente de lo que está haciendo, aunque podemos darle premios en algún momento para ajustar el movimiento. Es decir, si el perro pasa por los palos ladeándose, podemos ponernos delante y guiarlo para que lo haga de una manera más armónica.

Juegos de venir a la llamada

Quizá te sorprenda que haya incluido la llamada en esta isla. Para mí, sigue las premisas del juego: es voluntaria y divertida y se puede parar cuando se quiera. Es un paradigma distinto al que aprendí cuando empecé a formarme como profesional.

Generalmente, la llamada se asocia a la obediencia, con todas las connotaciones que tiene este término. Considero importante que mis compañeros perros estén conmigo porque quieren, de manera natural, y que esto ocurra depende de la confianza que tienen en mí.

Por otra parte, creo que es fundamental nutrir la comunicación a distancia para hacerle saber a nuestro compañero que ha llegado el momento de irse o que hay algún peligro y es preferible que venga con nosotros. Eso se puede entrenar, como si fuera un teatro de la vida real. Cuanto más real sea, mejor.

De hecho, en mis formaciones, cuando entrenamos la llamada, me gusta hacerlo en el exterior, casi desde el primer momento. Si el perro se apalanca en la seguridad del hogar, después cuesta mucho más entrenar en la realidad de la calle. ¿Qué necesitas tener en cuenta?

- **Sin confianza no hay paraíso.** Como te decía, la confianza es la base de todo, en especial de la llamada. Demuestra lo sano que es vuestro vínculo y lo seguro que se siente el perro a tu lado. Pero recuerda que los rastros de animales y las cacas pueden ser más increíbles que tú. En serio, no pienses que tu compañero perro no ha creado un vínculo contigo solo porque se toma su tiempo en ir hacia ti mientras persigue el rastro de un zorro; es que está acabando una conversación. Me gusta mucho la frase «Enseñar a volver, no a no irse».

- **Interrumpir es de mala educación.** Cuando un perro está olfateando, persiguiendo un rastro o comiendo tiene ocupados todos sus sentidos. Si lo llamamos en ese momento, lo más seguro es que no nos escuche. Para que lo haga, deberíamos entrenar de forma progresiva con esa situación real.

- **Los conflictos en la convivencia empeoran la comunicación a distancia.** La confianza se nutre en todo momento. Los desentendimientos que se producen a diario influyen en la comunicación a distancia, ya que hacen que el perro vaya perdiendo la confianza en nosotros.

- **El entrenamiento es una pequeña porción del pastel.** Tradicionalmente, la llamada se entrenaba solo por la parte del adiestramiento, es decir, la señal «Ven» se asociaba con refuerzos. Si el perro no se acercaba, se lo castigaba con tirones de correa o llaves voladoras, entre otros inventos humanos. Te propongo que bases la llamada en la confianza y que le enseñes la señal «Ven» a través del juego.

- **Seguridad ante todo.** Intenta no venirte arriba y soltar a tu compañero perro en cualquier lugar. Ir suelto es muy beneficioso siempre y cuando sea en un sitio seguro para ambos.

- **El chantaje es una bandera roja.** Evita el chantaje, sé coherente con tu perro. Es decir, eso de «Ven, bonito» y luego, ¡zas!, correa puesta y nos vamos hace que asocie la llamada con algo que no le gusta, y además, el perro pierde la confianza en ti, dos acciones que influyen de forma negativa en la llamada y evitan que el perro quiera estar contigo de manera natural.

Juego «Enseñar la llamada»

La mayoría de los perros saben cómo se llaman, incluso los recién renombrados y los cachorros. Son muy rápidos reconociendo su nombre y la tonalidad e intención que le asignan los humanos cuando lo pronuncian.

La historia viene cuando lo relaciona con situaciones negativas o se repite en tantas ocasiones que se convierte en ruido para él. Momentos poco agradables pueden ser desde volver a casa después del paseo hasta bañarse, que le pongan gotas en las orejas o que le quiten algo de la boca. En ese instante asocia su nombre con algo negativo.

En este juego te propongo que le des la vuelta a la tortilla y relaciones su nombre con algo muy bueno para él y que lo uses en momentos inesperados.

Elige una palabra distinta a su nombre y a la que usas como señal para la llamada. Y empieza de cero. Puedes aprender a practicarlo consultando la ficha correspondiente al final del libro.

Juego «Sígueme»

Este es un juego para realizarlo mientras paseáis. Consiste en que te siga por el camino que vayas haciendo tanto con correa como suelto. Lo importante es que te comuniques sin palabras, sin contacto directo ni correa. Tiene que seguirte en silencio. Puedes empezar en un lugar tranquilo y seguro. Cuando no esté conversando, cambiad de rumbo. En cuanto se acerque a ti, comunícale que es un buen lugar para estar.

Siempre que hago esta práctica me imagino un círculo a mi alrededor. En ese lugar pasan cosas fantásticas para él: aparece un juguete, lo acaricio (si le apetece en ese momento) o le doy premios comestibles. Así reforzarás que esté cerca de ti.

La base es la confianza, el tipo de apego y el vínculo que crees con tu perro. Solo con eso ya podréis ir juntos a cualquier lugar sin necesidad de usar palabras. Bastará con tu voz y la conexión con él para que os comuniquéis. No necesitarás un premio comestible o un juguete para que te escuche. Este ejercicio potencia y refuerza lo que ya tenéis.

Juegos del paseo

Estos juegos los practicamos todos los días varias veces. En función de donde vivas, el tablero será uno u otro. En esta ocasión quiero compartir contigo ejercicios concretos que os permitirán mejorar vuestra comunicación mientras vais unidos por la correa.

Tradicionalmente se pensaba que el perro, cuando paseaba junto al humano, tenía que ir en «Junto». De hecho, se lo castigaba si dejaba de ir al lado y mirando al humano. Esto se sacó de manera descontextualizada de los deportes caninos en los que hay una prueba que consiste en eso y se generalizó al paseo diario.

Los perros a los que se les enseña a caminar en «Junto» de esta manera solo lo hacen durante unos minutos y en el juego de competir con el humano. El hecho de ir así mucho tiempo puede perjudicar su estado no solo emocional, sino también físico, ya que va con la musculatura tensa y mirando hacia arriba. Así que no confundas caminar unidos por la correa sonriendo con caminar en «Junto».

Cuando dais vuestro paseo diario, tu objetivo es que sea tranquilo, sin tirones de correa, y que cada uno disfrute de pasear juntos, sin necesidad de hablar, ni siquiera de hacer lo que el otro quiere. El perro puede ir olfateando, dejando mensajes, observando el ambiente...; en definitiva, estimulándose con lo que encuentra por el camino. Y el humano disfruta del ambiente acompañado y ve la vida a través de los ojos de su perro.

Juego «Caminar unidos por la correa en forma de sonrisa»

No es un ejercicio práctico como tal, sino más bien una serie de condiciones para que el perro camine tranquilamente en un lugar con estímulos.

- **Habituado al ambiente.** Si vives en una ciudad, es importante que tu compañero canino se habitúe a sonidos, coches, gente, perros y a los muchísimos estímulos de los que a veces no somos conscientes. Lo ideal sería que fueran de poca intensidad para que se acostumbrase paso a paso.
- **Cómodo con el material de paseo.** Necesita un arnés que le permita tener libertad de movimiento y una correa con la que puedas pasear a distancia y dejándolo libre.
- **Aprende a caminar sin tirar.** Para ello, lo principal es que tu perro cumpla con la primera condición: estar habituado al ambiente por el que pasea. Si además refuerzas que se mantenga a una distancia en que la correa no esté tensa y evitas los momentos de tirón, conseguirás que aprenda a caminar sin sentir presión. Parece sencillo, pero en la práctica es más complicado.
- **Se comunica contigo.** Como hemos visto, los perros se comunican todo el tiempo. Tomar conciencia de qué necesitan durante el paseo hará que os entendáis mejor y que puedas ajustar la situación a él, lo que hará que no dé tantos tirones a la correa, pues el ambiente lo ayudará a estar tranquilo.
- **Ritual de salida.** El momento de ponerle el arnés y prepararlo todo para salir a la calle puede ser muy excitante. Lo ideal es que sea calmado y, así, el paseo empiece con paz. Puedes crear un pequeño ritual de salida para que lo anticipe e incluso lo asocie con un momento de tranquilidad.

- **Calidad del paseo.** Lo que hagas durante el paseo permitirá que el perro disfrute y esté tranquilo. Unas buenas prácticas pueden ser: dejarle olfatear con libertad, pasear por lugares poco concurridos, compartir momentos tranquilos con otros compañeros perros...
- **Sus necesidades.** Por mucho que el paseo sea increíblemente bueno para el perro, si el resto de sus necesidades no están cubiertas, no servirá de nada. Será algo superficial.
- **Comunicación a través de la correa.** Podemos acompañarla con señales verbales —como «Derecha», «Izquierda», «Vuelta», «Poco a poco», «Junto»...— y también táctiles. La correa puede servir para comunicar acompañamiento y calma. Siempre pensamos en el tirón para castigar, pero puede servir para transmitir apoyo.

Juego «Junto»

Enseñar la señal «Junto» es sencillo, lo difícil es generalizarla para que el perro sea capaz de escucharnos en situaciones con estímulos, lo que se convierte en un momento muy retador para él. Puedes aprender a practicarla consultando la ficha correspondiente al final del libro.

Jugar con nosotros a través de los juguetes

Como ya hemos visto, creo que la mejor manera de comunicarse y conocerse con un perro es a través del juego. En este apartado te hablaré de jugar a través de juguetes específicos.

¿Qué juguete es mejor para que juegue contigo?

Para mí, el juguete ideal cumple con una serie de criterios:

- **Es largo.** Tiene una cierta longitud para que no invadas su espacio. Además, ofrece diversas posibilidades para muchos tipos de juego.
- **Puede incluir pitido.** A los perros los motiva —más bien excita— que el juguete tenga sonido. Solo lo uso en casos muy concretos, no lo recomiendo para jugar cada día.
- **Lleva asas.** Ofrecen muchas posibilidades para jugar de diferentes maneras.
- **Tiene complementos.** Algunos juguetes tienen pelo natural, pelotas, diferentes texturas... Baraja todas las opciones para que puedas ajustarlo a tu perro.

¿Qué necesitas tener en cuenta a la hora de jugar?

Analicemos los tres puntos clave que hay que tener en cuenta para ajustar el juego a tu compañero perro:

Físico

- Comprueba que el lugar donde practicas el juego beneficie a las articulaciones y almohadillas de tu perro. El asfalto sería la peor superficie y la hojarasca del bosque, la mejor.
- Si puedes, evita el impacto que producen los saltos.
- Cuando juegues, cuida de su musculatura: no tires de él hacia arriba ni des tirones bruscos, ya que le podrías hacer daño en el cuello.

Mental

- Durante el juego, el perro aprende a esperar, a concentrarse, a averiguar cuál es su nivel de fuerza... Si lo conoces y le propones actividades que le aporten calma, será capaz de pensar en ese momento.

Emocional

- Ajusta el juego para que se sienta motivado y concentrado a la vez. Parece contradictorio, ya que no estamos acostumbrados a que el hecho de pensar divierta. Pero sí, es posible.
- Presta atención para que no se acelere e intenta que el juego lo calme.
- Procura que tu compañero no se frustre con el juego ni se sobreexcite.

Vamos a la parte práctica para aterrizar estos conceptos.

Juego «Intercambio»

La idea es que confíe tanto en ti como para que quiera compartir su juguete contigo, así que deja a un lado el chantaje y el engaño. Ten paciencia hasta que él decida soltarlo; sigue su ritmo y ve despacio. Es muy importante que él comparta el juguete, que no vayas tú a cogérselo de la boca.

Comprueba que el juego se ajusta al perro: busca el juguete que más lo motive, juega a su ritmo... Puedes aprender a practicarlo consultando la ficha correspondiente al final del libro.

Con el tiempo y la práctica, este juego puede ir subiendo de nivel. Una alternativa que me gusta es tirar un juguete a un lado, esperar a que lo suelte y, cuando lo hace, ¡zas!, tirar otro hacia el lado contrario. Así, dejarás que el perro lo suelte por iniciativa propia y le transmitirás que no se lo vas a quitar, sino que saldrá otro igual de divertido y, encima, con movimiento.

Juego «Juega-para»

El objetivo es entrenar la capacidad del perro para activarse y volver a la calma. Como siempre, sigue su ritmo y ten en cuenta sus necesidades. Con esta actividad conseguirás que confíe en ti hasta tal punto que compartirá su tesoro contigo y potenciarás todos los beneficios que aporta el juego a la relación con el humano.

La mecánica es la siguiente: el perro está jugando con un juguete y, en cuanto ves la oportunidad —es decir, cuando está concentrado, no en pleno apogeo—, detienes el juego. Mientras tienes el juguete en la mano, tu compañero canino espera con paciencia y calmado a que lo dejes. En ese momento, ¡zas!, vuelves a mover el juguete.

Este juego tiene el mismo objetivo que el anterior, es decir, reforzar la confianza hasta el punto de que quiera compartir su tesoro contigo. Es importante que mantengas la calma en todo momento y que no invadas su espacio mientras sujetas el juguete. Dejarlo inmóvil se conoce como «presa muerta», para que te hagas una idea del concepto.

En esencia, el perro es cazador, con lo que perseguir el juguete activará su instinto, pero le resultará más fácil dejarlo si no lo mueves.

Juego con las herramientas caninas

En este apartado quiero mostrarte cómo puedes habituar al perro a herramientas que solemos usar a diario, como la correa, el arnés, el collar, el bozal o el transportín. Son muchos los perros que no se sienten cómodos con ellas, así que el objetivo será presentárselas.

Para jugar con ellas y conseguir que las usen como si fueran unas gafas *fashion*, te propongo que sigas estos parámetros:

- **Déjale libertad para que se acerque por su cuenta.** Este es el matiz más importante de todo el proceso: deja que él se acerque, no se lo pongas tú sin más. Esto, según el perro, requiere tiempo, así que practícalo en un momento que no tengáis prisa.
- **Sigue su ritmo.** Cada uno tiene el suyo. Hay perros que enseguida parece que lo han llevado toda la vida y otros que necesitan mucho tiempo para acostumbrarse.
- **Usa las herramientas a favor de las necesidades del perro.** Vivir en sociedad comporta seguir unas normas de convivencia para que todos podamos compartir el mismo espacio. Por ello a veces es necesario usar ciertas herramientas, aunque quizá no estemos de acuerdo con alguna de ellas. En cualquier caso, haz lo posible para que no perjudiquen al perro. Por ejemplo, usar el bozal para explorar lugares más interesantes o tener la posibilidad de jugar tranquilo con otros perros mejora su calidad de vida. Por supuesto, hay mil matices, y según la situación no será fácil que sea así.
- **Busca la funcionalidad de las herramientas.** Es importante que sean útiles para el perro o para la convivencia.

Juego «Bozal como unas gafas fashion*»*

El objetivo es que el perro lleve el bozal como si formase parte de sí mismo, así que debes tener en cuenta lo acostumbrado que esté a llevar cosas en el cuerpo. Esto hará que sea más o menos fácil. El juego consta de varios pasos:

Paso 1. Permite que el perro investigue el bozal. Déjalo en el suelo para que lo olfatee. Puedes tirar premios alrededor.

Paso 2. Deja que el perro meta el morro. Propicia la situación poniendo comida dentro del bozal y espera sin darle ánimos ni pistas, sin hablarle. Permítele investigar.

Paso 3. Cambia el bozal de posición. El objetivo es que aprenda que el juego consiste en meter el morro.

Paso 4. Aumenta el tiempo que ha de estar con el morro dentro. ¿Cómo? Premia de forma más espaciada. En este paso puedes reforzar su comportamiento animándolo.

Paso 5. Acostúmbralo a llevar algo detrás. El bozal se ata en la nuca, y los perros no están acostumbrados a notar presión ahí, tal como nos pasa a los humanos la primera vez que tenemos que llevar gafas. Ve atando y desatando el bozal progresivamente, al ritmo del perro.

Paso 6. Aumenta el tiempo que lleva el bozal atado. Durante todo el proceso iremos al ritmo del perro, pero en este momento es fundamental prestarle especial atención. Intenta no venirte arriba, porque eso haría que tu perro retrocediera.

Paso 7. Deja que juegue, pasee, viaje y olfatee con el bozal puesto. Procura no asociarlo a situaciones estresantes, sino a actividades que le encanten.

Juegos de contacto

Para los perros, el contacto es muy beneficioso siempre que se respeten sus gustos y se tenga en cuenta su estado físico. La cantidad y la intensidad del contacto adecuado para cada individuo es diferente, y resulta casi imposible saber cuál es, pero podemos dejar que ellos lo escojan y observarlos para comprender sus necesidades.

Sea más o menos cariñoso, habrá unos días que quiera más caricias que otros, pero te aseguro que, si lo respetas, confiará en ti.

Juego «Doga»

Doga es la unión de *dog* («perro») y «yoga». Lo descubrí hace más de una década en Estados Unidos y me encantó el concepto, pero no la forma de realizar el ejercicio, ya que el perro parecía un complemento en la práctica del yoga humano. Para mí, *doga* es añadir presencia al instante que se comparte con el perro, ya sea encima de una esterilla o en el monte, mientras paseáis.

Siéntate en el suelo en silencio y deja que el perro se acerque a ti cuando quiera. Si lo hace, pregúntale si te regala unas caricias.

Si la respuesta es que no, tranqui, no es nada personal. Los perros viven el momento, así que lo único que te estará comunicando es que en ese instante no le apetece que lo toques. Si responde que sí, aprovecha la oportunidad y acarícialo donde él quiera. ¿Cómo sé si le apetece? Observa si muestra un lenguaje corporal relajado y tranquilo; incluso puede que te ofrezca la parte del cuerpo que quiera que le acaricies. Por el contrario, si no quiere, se dará la vuelta y se irá o se quedará a una distancia prudente de ti.

Cuando estoy en pleno momento de mimos, me gusta parar unos segundos, observar su reacción y averiguar si sigue apeteciéndole o ya se le ha pasado. Lo muestran de forma evidente. Vespa, por ejemplo, es capaz de autoacariciarse con mi mano.

Juego «Masajes»

ATENCIÓN: Los masajes que te propongo en este juego son caricias superficiales, no fisioterapéuticos. Hazlos de manera suave y consulta con un profesional si tu compañero perro tiene alguna lesión.

Lo primero sería estudiar un poco de anatomía canina para conocer su cuerpo. No hace falta que seas un experto, pero sí conocer la forma de los músculos más importantes y los tipos de toques que existen, para que luego puedas acariciar a tu manera.

A continuación, pregúntale al perro si le apetece una sesión de masaje. Mi manera de hacerlo es sentarme en el suelo e invitarlo a venir a mi lado. A veces dejo que se acerque a mí sin decirle nada. En cuanto practiquéis un par de veces, enseguida se plantará cerca de ti.

Mi propuesta es que lo acaricies suavemente de la cabeza a la cola. Luego ve en dirección al corazón, siguiendo la forma del músculo, para que fluya la circulación, sobre todo en el caso de los perros de oro.

El matiz más importante de este tipo de práctica es que el perro decida cuándo quiere que lo toques y que disfrute durante el proceso.

Juego de la masticación

Explorar con la boca es una necesidad para el perro, con lo que tener sesiones de masticación favorece su bienestar. La masticación es todo un mundo, aunque podríamos resumirla en que ofrezcas masticables beneficiosos a tu perro. Su estado físico determinará tanto la composición de los objetos como la frecuencia con que se los das.

Tu primera misión en este juego es conseguir masticables naturales de calidad ajustados a tu compañero perro. Después, ¿qué necesitas tener en cuenta?

- **Valora su estado anímico.** Ofrécele un masticable adecuado a su nivel de energía y tranquilidad.

- **Valora sus necesidades físicas.** Evalúa su edad, salud dental y posibles problemas digestivos y ajusta la elección a lo que él necesita.

- **Valora su experiencia en masticación.** Considera su historial de uso de *snacks* y masticables, y ve introduciendo nuevos productos poco a poco. Lo ideal es empezar por los blandos y que, de forma paulatina, vaya desarrollando sus habilidades hasta que disfrute incluso de los más duros.

- **Conoce sus gustos.** Identifica sus preferencias por lo que se refiere a texturas y sabores y experimenta con diferentes opciones para descubrir cuáles son sus favoritas. Es cuestión de ofrecerle una variedad y que se sirva él mismo. Existe un debate sobre si esta práctica es beneficiosa para el perro. Una vez más, depende de su manera de ser y de ese día concreto. Un piracán acostumbrado a decidir y con sus necesidades cubiertas estará preparado para enfrentarse al reto de escoger el masticable que más le conviene.

- **Valora la calidad del producto.** Opta por masticables de alta calidad que sean seguros. Puedes ofrecérselos enteros o a trozos.

- **Respeta el momento de masticación** para que pueda hacerlo con tranquilidad. Déjale su tesoro, en ningún caso se lo quites de la boca.

- **Supervisa el momento de la masticación.** Si pensabas que consistía en darle el masticable y «Hasta luego, Mari Carmen», te equivocas. La supervisión es clave para que la masticación sea beneficiosa para el perro. Observa cómo mastica y pregúntate si te has venido arriba o si no era el momento adecuado para darle el masticable. Supervisa también por seguridad: si el perro no está acostumbrado, puede entrañar un riesgo.

- Si detectas un **peligro** y tienes que retirar el masticable, emite la señal «Suelta» para que se dé la comunicación y no se produzca un conflicto.

- Si convives con **más de un perro**, dale un masticable a cada uno y déjales espacio para que lo consuman con tranquilidad.

El juego en sí puede ser darle un masticable ajustado o crear alguna propuesta en la que unas la masticación y el olfato. Por ejemplo, parte en pequeños trozos el masticable y escóndelo entre algunos obstáculos.

Juego de tomar decisiones

El perro necesita hacer lo que quiere, es decir, sentir que es él quien decide, y que cuando hace algo con el humano es porque disfruta. Habrá límites y momentos en que nosotros tendremos más peso en esa decisión y otros en los que no podrá hacer lo que le dé la gana. Porque de eso va el hecho de conVIVIR con otras familias.

Tomar la mayor cantidad de decisiones posible le aporta seguridad. En este juego te propongo que le dejes decidir en todo lo que pueda y que respetes lo que quiera hacer, no lo que se supone que tiene que hacer, pero siempre dentro de las posibilidades que nos brinde la vida, ya que a veces no podemos fomentar la libertad absoluta en la toma de decisiones.

Cuando plantees este tipo de juegos, ten en cuenta:

- **Cautivos, libertad y seguridad.** Los perros están cautivos en el hogar, a merced de que nosotros les demos de comer, los saquemos a hacer sus necesidades... Suena fuerte, lo sé, y puede que te remueva por dentro. Es justo lo que pretendo, que te plantees hasta qué punto el bienestar de los perros está ligado a nosotros. Dentro de esta situación, creo que es posible darles la máxima libertad con seguridad. Según dónde vivamos será más o menos sencillo ofrecerles esta oportunidad.

- **Protagonista de su vida.** Sé que en muchas ocasiones te entran ganas de decirle por dónde pasar o cómo decidir. Intenta que sea el protagonista de su vida, tanto en las vivencias del día a día como cuando estéis entrenando. Te propongo que acompañes en silencio y que te limites a actuar cuando sea necesario. Al principio cuesta mucho quedarse callado, pero te aseguro que le cogerás el tranquillo y ya no te saldrá otra cosa.
- **Decisiones seguras en la medida de lo posible.** Hay muchas cosas que decidir a lo largo del día: qué ruta escoger, con qué amigos perros jugar, qué lugar de descanso prefiere, cuánto tiempo debe estar acompañado de la familia... Para que esto ocurra, la vida del perro tiene que propiciarlo, es decir, tiene que haber espacio para que pueda decidir. Lo sé, es un cambio de mentalidad y requiere confianza en el perro. Por ejemplo, durante el paseo, en vez de sacarlo a pasear, piensa que vais a pasear juntos y que cada uno de vosotros decidirá en distintos momentos hacia dónde ir.

Juegos para pensar

Esta sección es la más popular entre los humanos que conviven con perros. En nuestra cultura, el adiestramiento (hacer diestro en algo) está muy integrado. Lo he dejado para el final a propósito, ya que quiero que des una vuelta al paradigma que lo acompaña.

Tradicionalmente se adiestraba para que el perro hiciera caso al humano en lo que él necesitara. Sin embargo, en la actualidad esto ha evolucionado mucho, hasta el punto de que hay humanos que creen que enseñar esto es una falta de respeto hacia el piracán. Siempre pienso buscando beneficiar al perro, y creo que lo importante es cómo se hagan las cosas. Para mí, el adiestramiento es una forma de estimularlo, comunicarnos y divertirnos juntos.

Los ejercicios prácticos también permiten coger seguridad, tanto al humano como al perro. Es como si tu pareja y tú entrenarais ciertas formas comunicativas para que, cuando llegase el momento de usarlas, los dos supierais cómo actuar.

Ahora entreno con los piracanes lo que comparto con mis alumnos, y algún día nos regalamos una sesión de entreno. Porque así lo vivimos, como un regalo que nos damos, no como una imposición. Es lo que tiene ser visionarios: ver el futuro en el presente.

¿Qué necesitas tener en cuenta para realizar ejercicios de adiestramiento con un perro?

Quizá te descoloque que te hable de adiestramiento cuando el título del capítulo es «juegos de pensar». Cuando enseñas señales a un perro desde su motivación y voluntad, se convierte en un juego en el que tiene que pensar la solución a tus propuestas.

- **No hay una receta.** Cada perro y cada humano tienen su manera de enseñar y aprender. Puedes inspirarte en los demás, pero adapta lo que quieras probar a vuestro caso. Atrévete: si observas y ajustas, nunca te equivocarás. La motivación y el disfrute serán vuestro faro.

- **El tiempo no se recupera.** Si un día no has entrenado, no concentres la actividad al siguiente. A veces los humanos hacemos esprints (de hecho, estoy acabando este manuscrito en un atracón maravillado), pero para los perros es importante que sean sesiones cortas, concretas y muy claras para que puedan aprender y disfrutar.

- **Refuerzo al inicio.** En la primera etapa es importante reforzar mucho y hacernos entender, lo que sería ponérselo fácil para que comprenda el concepto. Antes de empezar, ten claro lo que vas a entrenar y cómo lo harás. A la larga podrás improvisar, pero al principio prepáratelo para no frustrar a tu alumno: el perro.

- **El premio.** Reforzar un comportamiento con algo que le encante al perro —premios comestibles, juguetes, actividades favoritas, incluso otro tipo de juego— potencia mucho la propuesta. Descubre qué lo motiva en cada momento: comida, una persecución, estirar, caricias... Puedes hacer un ranking de premios y usarlos según el momento y la dificultad. Por ejemplo, para Vespa el mayor premio es la comida, aunque en algunas ocasiones jugar con su juguete puede ser suficiente.

- **Tiempo de entreno.** Esta es una pregunta muy recurrente: ¿cuánto tiempo necesito entrenar con mi perro? No hay una respuesta única, ya que depende del piracán y de cómo esté en ese momento. Una media de diez minutos al día sería más que suficiente, pero no confundas este tiempo de aprendizaje con las vivencias cotidianas. Es el tiempo en que os concentráis en enseñar y aprender algo concreto, como si fuera una sesión de sentadillas mentales.

- **Factores que influyen en las sesiones.** Dependiendo del perro, será más o menos sensible a los estímulos externos y a las vivencias que haya tenido ese día. Puede afectarle el clima (viento, lluvia, calor...), su estado de ánimo, la calidad del descanso, lo que vivió el día anterior, su experiencia en estas prácticas, el lugar donde entrenemos...

- **El ritmo.** Los juegos de pensar son una buena forma de conoceros más y mejor. Es importante que os sintáis cómodos y que os entusiasme lo que vivís juntos.

- **Fuera agobios y prisas.** Cada perro aprende a su manera, así que te sugiero ajustar el entreno a vuestro ritmo. Deja a un lado las prisas, disfrutad juntos y compartid. A lo largo de los años he visto lo que llamo el «efecto suflé»: el perro empieza aprendiendo algo muy rápido, el humano se viene arriba y acelera el ritmo; de repente, todo lo que había asimilado el perro parece desaparecer. Esto se debe a que el perro se satura, se frustra y pierde el interés, como el suflé que, por las ansias de abrir el horno antes de tiempo, se viene abajo. Es preferible que hagas sesiones cortas y vayas subiendo la dificultad.

¿Cómo enseñar una señal a un perro?

Enseñar a los perros es una profesión. Los humanos somos de soluciones rápidas y fáciles, de manera que queremos saber enseñar algo que requiere muchas horas de navegación viendo un vídeo de treinta segundos. ¿Acompañas el ritmo de tu perro? Respeta también el tuyo. Enseñarle requiere conocimiento, observación y práctica. No te preocupes, poco a poco irás cogiendo soltura, y llegará un momento en que lo tendrás tan interiorizado que lo harás casi de forma innata.

Voy a compartir contigo los pasos que sigo, aunque reconozco que, según el perro, avanzo, vuelvo atrás o lo hago todo junto. He aquí el arte de enseñar a lo perro.

Cada perro aprende a su manera, así que, como ya hemos visto, te recomiendo que ajustes el entreno a vuestro ritmo. Deja a un lado las prisas: ¡disfrutad juntos y compartid!

1. Observa y conoce a tu perro para ajustar al máximo la práctica. Recuerda: no importa el qué, sino el cómo.

2. Planifícate y piensa en los pasos que debes seguir. En cuanto empieces a entrenar con tu perro, el tiempo pasará, y es limitado.

3. Prepárate: reúne el material y practica el ejercicio sin tu piracán.

Fase 1. Construye la señal

Escoge cómo le enseñarás la señal. Hay muchas formas de hacerlo, pero las más frecuentes son:

- Guíale con la comida el movimiento.
- Déjale ir haciendo y ve reforzando cada paso. Este proceso se llama «moldeado», y sería algo así como el juego del caliente, caliente. El perro va probando opciones y tú vas premiando la que se acerca a la señal que quieres enseñar. Prefiero dejar esta técnica para perros experimentados.

Conceptos clave en esta fase

- Marca justo en el momento que el perro haga lo que le quieres enseñar. El marcador puede ser una palabra o sonido que tú emitas o usar una herramienta, como el *clicker*, o pequeño pulsador. Por ejemplo, si le estás enseñando a caminar junto a ti, al principio ve marcando aproximaciones a la señal final. Más adelante haz un sonido para marcar justo cuando te toque la pierna.
- La manera de premiar forma parte de cómo enseñas la señal.

Puede ser darle el premio en la boca, lanzarlo y que lo coja al vuelo, tirarlo al suelo, que tenga que sacarlo de un estuche... En vez de premiarlo con algo comestible, puedes hacerlo jugando con un juguete o acariciándolo. Al final, todo depende de qué motiva al perro.

- Tu tono de voz y forma de comunicarte influirá en cómo aprenda el perro. Dependiendo de lo que quieras conseguir, hazlo de una manera u otra. Me gusta relacionar la activación con señales explosivas como la llamada, y la calma, con señales que requieren más concentración, como el «Toca».

Fase 2. Haz que comprenda la señal

En este momento, empieza a espaciar el premio e intenta que el perro comprenda lo que le has enseñado, más allá de que siga el premio. Así será capaz de realizar la señal sin necesidad de que le des tantas pistas.

Fase 3. Ponla a prueba

Esta es mi fase favorita, todo un reto para ambos con el que sabremos si la señal funciona. Una vez le has dedicado el tiempo que tu perro necesitaba para aprenderla, ha llegado el momento de ponerla a prueba. Pero no te vengas arriba, se trata de ir subiendo la dificultad progresivamente.

¿Cómo puedes complicar la situación para ponerla a prueba? Cambia de lugar, incluye estímulos (juguetes, camioncitos con salchichas, baila como si no hubiera un mañana...). No se trata de fastidiarlo, sino de proponerle un escenario cada vez más difícil para que, cuando se encuentre en esa situación, se asemeje mucho a lo que habéis practicado.

Los perros necesitan probar en muchos lugares distintos para ser capaces de pensar en todas partes. Si solo practicas en la cocina de casa, le costará mucho más prestar atención en el parque. Busca sitios diferentes para ponerla en práctica.

Fase 4. Mantén la señal

Tanto perros como humanos, si no practicamos algo, se nos olvida. Por eso es necesario nutrir el aprendizaje a diario. A continuación, te propongo algunas señales que puedes practicar: «Sienta», «Tumba», «Rodea», «Ven», «Junto», «Suelta»...

Despedimos a Vespa en la última isla de este viaje. La dejamos jugando a descubrir por donde estuvo el zorro la última vez que pasó por su casa.

Sé que al inicio de este viaje pensabas que lo que menos necesitaba tu compañero perro era jugar y ahora ves juego en todas partes. La actitud lúdica ha entrado dentro de ti, ya no hay marcha atrás.

El juego te acompañará en todo lo que viváis juntos.

¡A jugar!

Fichas

□ SIENTA-TUMBA-SIENTA

Definición de la señal: Consiste en que el perro se sienta y luego se tumba.

Dificultad: Practicar esta señal en lugares con estímulos requiere una gran concentración; estar en estas posiciones no es natural para el perro y exige un esfuerzo físico. Así que, practicad solo en momentos que sean funcionales para el perro o la convivencia.

Utilidades: Esta señal puede tener muchas utilidades. El cambio de posición va muy bien para activar la musculatura (siempre que el perro no tenga dolencias). Por otro lado, es un ejercicio que potencia la concentración y la paciencia. Además, puede ser útil en la convivencia con varios piracanes, como, por ejemplo, en el momento de la comida.

Objetivo: Podemos tener varios objetivos en la práctica de esta señal: 1) activar y fortalecer la musculatura al cambiar de posición; 2) entrenar la concentración y la paciencia por el hecho de estar quieto.

Lugar de práctica: Es importante que la superficie en la que lo practiquéis sea antideslizante y un poco mullida para cuidar las articulaciones del perro. Empieza en lugares tranquilos, como en casa, y poco a poco ve añadiendo estímulos.

Frecuencia: Practica muy pocas repeticiones. No es natural para el perro sentarse tanto como se lo proponemos los humanos. Si te explico este ejercicio es porque creo que resulta muy útil en situaciones concretas y para ejercitar la musculatura. Pero no me parece que sea una señal fundamental, de hecho, en casa solo la uso para momentos de entreno físico y para algún momento puntual en la convivencia, como cuando les doy de comer o Domi se pone muy intenso con las visitas.

Paso a paso:

Paso 1. Fíjate en la superficie en la que quieres proponerle sentarse/tumbarse y comprueba si es un lugar mullido y antideslizante.

Paso 2. Ponte en la mano varios trozos de comida lo suficientemente grandes para que los saboree, pero no tanto como para que tenga que masticar.

Practica las señales por separado; cuando os hayáis entendido, pasa a la siguiente.

Para el «Sienta»: Traza con la mano una línea que lleve al perro a ir hacia atrás. En el momento en que ponga el culo en el suelo, ¡zas!, dile tu palabra para marcar (recuerda: «muy bien», «bravo», «me encanta») y entrégale el premio (en este caso se lo entregaría en la boca).

Para el «Tumba»: Traza una línea con la mano que la lleve entre las patas del perro. Puedes hacerlo partiendo del «Sienta» o del «De pie». Dependiendo del perro le será más fácil desde una posición o desde la otra.

Premia las aproximaciones, es decir, por cada pasito que dé en la dirección de tumbarse, entrégale un premio, así sabrá que va por buen camino.

De «Sienta» a «Tumba»: Esta es la más frecuente y fácil para el perro. Consiste en pasar de la posición de sentado a la de tumbado, lo que ejercita el movimiento. Para practicar, puedes guiarlo con la mano en el morro hacia el suelo y premiar cada paso.

De «Tumba» a «Sienta»: Este cambio es el más complejo y exigente físicamente. Consiste en pasar de la posición de tumbado a la de sentado. Es importante que la superficie sea antideslizante, si no será muy difícil e incluso peligroso para el perro.

Cuando el perro está tumbado, lleva la mano del morro hacia arriba para guiarlo a ponerse de pie solo con las patas delanteras. Algunos perros pasan primero por la posición de pie para luego ir a la de sentados.

PASO 3. Una vez el perro, siguiendo la guía de tu mano, se sienta o tumbe de manera fluida, empieza a introducir las señales con la mano (del morro hacia atrás, «Sienta», y del morro hacia las patas, «Tumba»).

Algunos entrenadores introducen la palabra de la señal desde el primer paso. A mí me gusta ponerla en este momento, ya que, tanto para el humano como para el perro es más sencillo ir introduciendo elementos poco a poco.

PASO 4. Poco a poco quita guía con la mano, para que el perro asocie las señales habladas sin necesidad de muchas pistas por tu parte. Aunque si quieres mantener el movimiento de la mano para ayudarlo, está genial también. Este tipo de prácticas son para potenciar la comunicación.

PASO 5. Practica en diferentes lugares y momentos para que el perro generalice estas señales.

Tener en cuenta en SIENTA-TUMBA-SIENTA

- ✓ La señal del «Sienta» puede ser complicada de ejecutar para algunas razas. Por ejemplo, los galgos. Desde mi punto de vista, si la señal no es funcional para el perro, no la practico.
- ✓ Ten en cuenta la edad de tu perro y cómo están sus articulaciones. Este cambio de posiciones para un perro sénior puede ser muy exigente.
- ✓ Una superficie que resbala puede causar daño físico, e incluso miedo, al perro.
- ✓ Dudé mucho de si poner esta señal en este libro, ya que los humanos abusamos mucho de ella. Para mí es útil como «Sienta» funcional. Es decir, para ejercitar la musculatura y para momentos concretos en la convivencia. Y esto significa que lo es en pocos momentos de la vida de un perro. Olvida el «Sienta» continuo. Deja que tu compañero perro se ponga como quiera.
- ✓ Usar el «Sienta» para momentos en los que el perro reacciona ladrando a algo es contraproducente, ya que significa pedirle que se quede quieto y sentado cuando está desbordado emocionalmente. En un momento así lo mejor es sacarlo de la situación activamente, es decir, llamándolo y caminando fuera del lugar.
- ✓ Fluye con tu perro, la idea de cualquier señal es comunicaros y divertiros a la vez que estimuláis mente y cuerpo.

□ RODEA

Definición de la señal: Consiste en que el perro rodea cualquier objeto o ser vivo. Por ejemplo, un árbol, una papelera, otro humano, un cono…

Dificultad: En esta señal hay que tener en cuenta diferentes partes. Respecto a la parte física, ten en cuenta que cuanto más cerrada es la vuelta, más exigente es el ejercicio, ya que, la musculatura lateral tendrá que hacer más esfuerzo. En cuanto a la parte mental, la dificultad residirá en lo separado que estés del objeto que hay que rodear. Y en la parte emocional habrá que tener en cuenta los estímulos que haya en el lugar donde practiquéis.

Utilidad: Este ejercicio es muy versátil y tiene muchas utilidades. La que más me encanta es la de potenciar la concentración y la llamada. Si te vas separando del objeto rodeado, es como si practicaras la llamada a distancia.

Luego está la parte física. Es un ejercicio genial para activar la musculatura lateral.

Objetivo: Activar la musculatura y potenciar la llamada.

Lugar de práctica: Empieza practicando en casa y al lado del objeto que el perro va a rodear. Poco a poco descubre lugares en el exterior donde haya estímulos y donde lo que rodeará tenga diferentes formas.

Frecuencia: Lo ideal sería que lo practicaras cada vez que vais a hacer ejercicio físico para activar la musculatura lateral.

Paso a paso:

Paso 1. Escoge lo que vais a rodear. Te será más fácil si tiene cierta altura, así la comprensión del ejercicio es mayor. Vamos a coger como ejemplo una silla para que sea más fácil de explicar.

Paso 2. Pon tu pierna haciendo de barrera al lado de la pata de la silla y con la mano llena de premios guía al perro para que dé la vuelta a la silla. Practica primero sin perro. Así desarrollas un poco la habilidad antes de empezar.

Paso 3. Repite esta acción hasta que compruebes que el perro da la vuelta con facilidad. En ese momento avanza al siguiente paso.

Paso 4. En el momento en que el perro rodee la silla, da unos pasos rápidos hacia atrás para premiarlo justo cuando llegue a ti. De esta manera también potenciamos el venir a nosotros.

Paso 5. Poco a poco quita pistas, para que por aproximaciones vaya pensando por sí mismo en qué consiste la señal de rodear.

Paso 6. Practica rodeando todo tipo de objetos y seres vivientes.

Tener en cuenta en RODEA

- ✓ Atención con los perros que tienen la espalda larga, ya que para ellos rodear un objeto puede ser algo muy exigente. Abre la vuelta con el fin de que le resulte más sencillo.

☐ VEN

Definición de la señal: Lo ideal cuando paseéis sueltos tú y tu piracán es que no hagan falta palabras, sino que vayáis juntos porque queréis estar juntos. Esta señal es para hacerle saber que en ese momento es importante que venga donde estás tú.

Dificultad: En este caso cobra más importancia la confianza y que sepas qué motiva a tu perro. Cómo se sienta en el lugar en el que uses esta señal será clave para que te escuche en ese momento concreto.

Utilidad: Es la única que puede salvarle la vida. Llamarlo es algo que usaréis de forma cotidiana y en las situaciones más dispares.

Objetivo: Desarrollar la capacidad de atención del perro para que te escuche cuando la situación lo requiera.

Lugar de práctica: Empieza en casa y poco a poco sal ahí fuera en busca de retos y situaciones reales.

Frecuencia: Todos los días hay situaciones que requieren la atención del perro.

Paso a paso:

PASO 1. Espera el momento propicio para llamarlo:

- Comprueba que no esté en otra conversación.
- Es mejor si está en un lugar sin estímulos (para cada perro será diferente).

PASO 2. Di la palabra en cuestión y, cuando gire la cabeza, ¡zas!, dale un premio. Cuando hablo de premiar me refiero a que le des algo que le guste, ya sea comida, un juego o juguete, contacto…

PASO 3. Progresivamente, premia que cada vez se gire más rápido y en diferentes contextos. En esos momentos puedes ir asociando la palabra elegida para comunicar «Sigue así, es lo que quiero enseñarte». Puede ser «Muy bien», «Bravo», «Me encantas», «Te quiero, tío»… De hecho, yo uso diferentes palabros según el nivel de dificultad, tal como explico en el apartado «Juegos para pensar».

PASO 4. Sigue esta secuencia: señal para la llamada + palabra («Sigue así, es lo que quiero enseñarte») + premio.

PASO 5. Traslada a la vida real lo que ha aprendido y practica en situaciones cada vez más parecidas a lo que os encontraréis de manera cotidiana. Esta situación dependerá de cada perro y cada familia. Cuando vives en la ciudad, la seguridad y la comunicación aparecen si acude aunque haya otro perro en el parque. En cambio, en el monte lo verás si va hacia ti después de olfatear a un animal.

Tener en cuenta en VEN

- ✓ La confianza es la base de una buena llamada, y esta se nutre durante todo el día. Así que evita los conflictos en vuestra convivencia.
- ✓ Puedes usar el juego como manera de reforzar la llamada.
- ✓ El ejercicio del «Rodea» potencia la llamada, ya que es un ejercicio de atención y potencia que venga hacia a ti.

☐ JUNTO

Definición de la señal: Caminar junto a ti.

Dificultad: Para mí es uno de los ejercicios más complejos de ejecutar en lugares con estímulos, ya que el ritmo humano difiere del canino.

Enseñarlo es relativamente sencillo si seguimos el ritmo de comprensión del perro. La dificultad viene en lugares donde los estímulos sean muy interesantes para el perro.

Utilidad: Es muy útil para situaciones en las que la seguridad de nuestro perro se ve comprometida. No lo veo útil para caminar en un paseo.

Objetivo: Comunicación con correa en momentos críticos. Que el perro vaya pegado a nuestra pierna.

Lugar de práctica: Empieza en casa y poco a poco ve practicando en situaciones exteriores y reales. Al inicio es importante que no haya muchos estímulos que le llamen la atención.

Frecuencia: Depende del momento en el que lo pongamos en práctica. Cada paseo es una oportunidad para practicar unos minutos de «Junto».

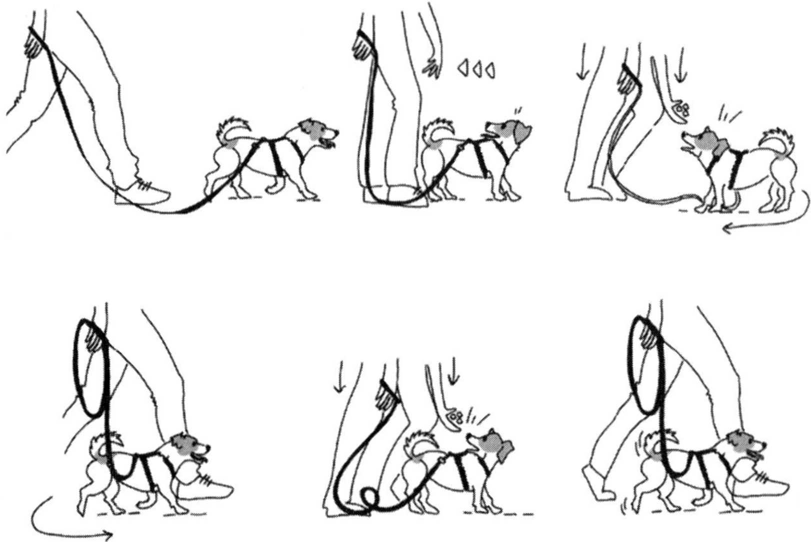

Paso a paso:

Paso 1. Enséñale la señal «Junto».

Hay muchos métodos, entre ellos, guiarlo con comida junto a la pierna y premiarlo cada vez que te la toca.

Paso 2. Ve separando la mano para que no se pase el rato siguiendo el premio. Para que construya el ejercicio en su mente, al principio es importante que el premio aparezca a cada paso. Luego, para que vaya aprendiendo que la señal significa «caminar junto a ti más allá del premio», ve alejándolo para que piense que está en lugares diferentes cada vez.

Paso 3. Introduce la palabra «Junto». Hay entrenadores que añaden la señal justo cuando comienzan a practicar el ejercicio y les ofrecen el premio, pero yo prefiero usarla cuando ambos hemos aprendido a acompañarnos en el «Junto». No te agobies, tampoco pasa nada si la introduces a medida que construyes el ejercicio.

Paso 4. Lleva el juego a situaciones cada vez más reales. Una vez construida la señal, empezad a practicarla en lugares tranquilos y, poco a poco, id visitando sitios con más estímulos. Pienso que es una de las señales que podemos entrenar mientras paseamos por la ciudad haciendo zigzag entre las farolas, rodeando bolardos... La idea es que favorezca la comunicación, no que sea una obligación para que vaya contigo como si de un soldado se tratara.

Paso 5. Úsalo solo en situaciones concretas. Una vez has construido la señal, resérvala para momentos específicos, como cuando se acerca un tractor por el monte, hay un peligro en el parque o si, al bajar por una ladera, necesitas que se quede a tu lado para que no os despeñéis.

Tener en cuenta en JUNTO

- ✓ No es una señal para ir de paseo.
- ✓ Si tu perro es pequeño, será complicado practicarlo. Puede ser una oportunidad para practicar sentadillas.
- ✓ Aprovecha la oportunidad que te ofrecen los obstáculos urbanos para practicar de una manera divertida.

☐ SUELTA

Definición de la señal: Soltar cualquier cosa que tenga en la boca.

Dificultad: Enseñarla requiere conocer muy bien al perro y ser rápido para marcar el momento en el que deja lo que agarra. La dificultad dependerá de las malas experiencias que tenga con que le quiten cosas de la boca y lo interesado que esté en el tesoro que lleve en la boca. Si es algo comestible, la dificultad aumentará considerablemente.

Utilidad: Todas. Los perros descubren y exploran el mundo con la boca. Comunicarnos con una señal que significa «eso suéltalo» para mí es importante, ya que puede tratarse de algo peligroso para él.

Objetivo: Que suelte lo que lleve en la boca por su seguridad. Infundir confianza en compartir tesoros.

Lugar de práctica: Empieza en un lugar tranquilo y amplio, pues los primeros pasos implican que el perro pueda moverse con libertad y puedas lanzar el objeto.

Frecuencia: Durante el día siempre hay oportunidades para comunicarnos y practicar el compartir tesoros. De todas formas, no abusaría de esta señal. Practica cuando realmente tengas la atención y el tiempo para que sea una buena experiencia.

Paso a paso:

Paso 1. Escoge dos juguetes iguales. Es importante que lo sean para que el perro no tenga preferencia por uno de ellos.

Paso 2. Coge un juguete con cada mano y mueve solo uno de un lado a otro.

Paso 3. Cuando el perro lo coja con la boca, sujétalo fuerte para que él tire o haga lo que quiera. Intenta poner el juguete a la altura de su columna, para que no fuerce la musculatura.

Paso 4. Juega sin pensar en nada más, disfrutadlo. Ajusta el juego al perro en particular, ya que a algunos les gusta tirar fuerte y otros prefieren solo perseguir.

Paso 5. Cuando creas que el perro está receptivo, deja ese juguete quieto y empieza a mover el otro como si el juguete quisiera escaparse, recreando lo que puedas una situación real de caza.

Paso 6. Emociónate más cuando el perro suelte el juguete que cuando lo coja.

Paso 7. Introduce la palabra «suelta» en el momento en el que el perro lo suelte porque él lo decida. Y prémialo. Puedes hacerlo jugando a tope con el juguete o con comida. La cuestión es que lo sienta como una buena experiencia.

Tener en cuenta en SUELTA

- ✓ Es una de las señales en las que la confianza es importante. Cada vez que le quites algo de la boca estás sumando puntos para que el «Suelta» sea menos efectivo.
- ✓ Póntelo fácil, olvida lo de ponerle trampas para que «falle». Potencia siempre que quiera compartir contigo sus tesoros.

Final del viaje

Querido explorador:

Gracias por llegar hasta aquí y abrir tu mente para desmontar las distintas creencias caninas que existen. En este libro he querido compartir mi paradigma de convivencia con los perros.

Espero que este viaje te haya provocado muchas turbulencias y reflexiones, de esas que derriban muros.

Me gustaría saber que has desarrollado habilidades y un gran sentido crítico canino que os permita crear vuestra propia fórmula de vida y que os acompañe.

GRACIAS por motivar cada una de estas palabras y la insaciable misión de nutrir mi conocimiento piracán para compartirlo contigo.

Gracias por ser un explorador canino inconformista y querer ir más allá de lo establecido. Tu compañero perro y tú formáis un equipo increíble. Os admiro muchísimo. Para mí es un regalo acompañaros en este viaje.

¡Al abordaje!

Pat y Piracanes

P. D.: He preparado misiones extra para que pongas a prueba tus conocimientos. Las encontrarás en la web <ellibroquetuperroquierequeleas.com>. Conviértete en un agente piracán y complétalas todas. Si lo haces, recibirás tu diploma de Agente Piracán, que te habilitará como humano preparado para acompañar a los perros para que se conviertan en piracanes. Además, como agente podrás dejar semillas en otros humanos para seguir transmitiendo este mensaje.

Agradecimientos

Agradezco a la vida su intensidad y aprendizaje continuo.

Este libro lo he escrito en el momento más retador de mi vida: durante los últimos meses con mi madre y después de su muerte, pasando el duelo por mi perro ancla (Bongo), acompañando a la miniexploradora en sus primeros años de vida y viviendo la enfermedad de mi padre. Todo junto, a la vez, de forma caótica… La vida en todo su esplendor.

Escribirlo ha sido terapéutico para mí, un refugio creativo. Además, me ha permitido ordenar los conocimientos caninos que he adquirido durante estos más de quince años dedicándome en cuerpo, mente y alma a aprender y a acompañar a los perros.

Quiero dar las gracias a todos los perros maestro que han pasado por mi vida y a los humanos que me han apoyado y me han ofrecido energía de la buena para escribir estas páginas.

He estado tentada de enumerar a todos los humanos increíbles que habéis contribuido a que estas páginas salgan al mundo, pero sois tantos que esto se alargaría muchísimo.

Gracias a mi humano escogido, con el que hemos creado la familia más bonita del mundo.

Y gracias a ti, que nutres tu sentido crítico para acompañar a los perros y darles alas.

De mi entraña a la tuya. GRACIAS.

Recursos para tu mente canina

Me ha resultado muy difícil escoger cinco libros entre todos los que han pasado por mis manos, pero aquí van mis cinco indispensables:

Perros sueltos y libres. Una guía de campo para dar a tu perro la mejor vida posible, de Marc Bekoff y Jessica Pierce. Y todos los libros de Marc Bekoff, sobre todo los últimos, en los que tiene una visión científica y real del bienestar de los perros y sus familias.

El juego es poderoso. Guía práctica del juego entre humanos y perros, de Patricia B. McConnell y Karen B. London. Y ABSOLUTAMENTE todos los libros de Patricia B. McConnell. Es mi *dog star* favorita. Me fascinan su sensibilidad, su mente crítica y científica y su conexión con la naturaleza. Te animo a leer todo lo que puedas de su obra y también su blog.

Lenguaje canino. Una guía ilustrada para entender a nuestro mejor amigo, de Lili Chin. Este libro puede parecer muy simple, pero es muy poderoso. Lili, mediante ilustraciones, consigue hacerte partícipe de la comunicación canina.

Criar al cachorro en casa, de Stephanie Rousseau y Turid Rugaas. Este libro se ha convertido en un imprescindible para las familias que quieran incorporar un cachorro a su vida. Te dará un punto de vista que te llevará a cuestionarte muchas cosas. Turid revolucionó el mundo canino con su libro *Las señales de calma*, otro libro sencillo y poderoso para entender a los perros.

En la mente de un perro. Lo que los perros ven, huelen y saben, de Alexandra Horowitz. Alexandra revolucionó mi manera de entender la divulgación canina. Te animo a seguir todos sus hallazgos.

Y para exploradores caninos más curiosos: *Emociones y lenguaje canino. Observación e interpretación*, de Katja Krauβ y Gabi Maue. Se han currado un compendio de imágenes de todo tipo de señales. De las más evidentes hasta las más micro. Lo considero imprescindible para todo aquel que quiera profundizar en el lenguaje canino.

Sabios caninos:

Cada uno me ha acompañado con su conocimiento en alguno de los capítulos.

Dani, de Anut Educación Canina. Su mente meticulosa y su curiosidad imperiosa me acompañan siempre en la parte del lenguaje canino.

Marga, de Actividades Caninas Breocan. Su sensibilidad y capacidad de observación me han acompañado en el capítulo sobre el contacto y la masticación.

Patricia Tamayo, psicóloga, cineasta y sabia canina. Su visión del mundo y del acompañamiento humano y canino me han atravesado como una aceituna. Compañeras desde hace años, es mi guía en el contenido sobre psicología humana.

Lídia Miralles, de Capitan Can. Su pasión por el olfato canino me ha dado un conocimiento profundo sobre el tema.

Alba Ares, de Adetcan. Su mente analítica y veterinaria me ha aportado una visión holística del mundo canino.

Myriam Fernández, de la tienda de tesoros caninos <Familydog.es>. Su veteranía y su visión librepensadora del mundo canino me acompañan desde que la conocí. Nuestra fascinación por el juego canino nos hace tener conversaciones infinitas sobre el tema.

Raquel, del club Barf. Su conocimiento profundo y crítico de la nutrición canina me acompaña en todo lo relacionado con este tema. Aunque no me quiera meter, ja, ja, ja.

Tamara Hernán, de Creciendo entre Perros, por esas charlas infinitas a la sombra de los árboles sobre perros, crianza, vida y hasta el infinito y más allá.

Menciones especiales:

Bea Díaz, de Bea Copy, es la creadora del «patas, piernas y acción» que tanto nos representa.

Quiero citar a Jesús, de Superválidos, porque su coraje y su alegría siguen inspirándome años después de irse de este plano. Cada vez que busques una excusa para no aprender, acuérdate de él y sigue adelante.

Agradezco a Carlota Sala, porque su mirada de la infancia y el curso (para humanos) de Educar con el corazón despierto hizo que mis piezas encajaran.

Gracias, mamá, por tu fortaleza y valentía hasta el último momento. Eres inspiración para mí.

«Para viajar lejos no hay mejor nave que un libro».

EMILY DICKINSON

Gracias por tu lectura de este libro.

En **penguinlibros.club** encontrarás las mejores recomendaciones de lectura.

Únete a nuestra comunidad y viaja con nosotros.

penguinlibros.club